나는 전한다

한 영혼을 살리는 완전한 복음을

나는 전한다

곽명옥 지음

국제제자훈련원

나는 전한다

추천사

예수님의 마지막 지상(至上)명령인 복음 전도는 천국에서는 할 수 없는 일이기에 지상(地上)에서 완수해야 할 가장 중요한 명령이자 가장 큰 계명인 이웃사랑의 절정입니다. 사람들을 사랑하지 않고는 복음을 전하고자 하는 열정을 품을 수 없고, 그리스도를 사랑하지 않고는 흔들리지 않는 믿음으로 오래 지속할 수 없기에 사랑은 전도의 불꽃을 태우는 연료가 됩니다.

곽명옥 권사님은 사랑의 하나님과 교제를 나누면서 풍성한 평안과 기쁨을 맛보았기에, 부활의 주님과 동행하는 것이 인생에서 가장 멋진 일임을 알았습니다. 그래서 이웃을 위한 가장 큰 사랑의 행동은 그들을 그리스도께 인도하는 것임을 깨달았으며, 그렇게 가슴속에 불타오른 전도의 열정은 많은 이들의 삶에 영생의 빛을 밝혀 주었습니다.

전하는 사람이 없으면 복음을 들을 수 없습니다. 새생명을 낳는 감격이 없이 부흥은 있을 수 없습니다. "복음 전하는 자들이 복음으로 말미암아 살리라"(고전 9:14)는 말씀을 붙들고 늘 복음이 필요한 이들에게 먼저 다가갔던 곽명옥 권사님의 전도 열정을 다 담아 내기에 이 지면은 너무 작을지도 모르겠습니다. 다른 영혼들에게 완전한 복음이 유통될 때 가장 행복하다는 곽권사님의 고백이, 이 책을 통해 "그리스도의 제자는 그리스도의 증인이어야 한다"는 분명한 진리의 도전을 받고, 함께 증인의 길에 동참하는 모든 이들의 지상 목표가 되길 바랍니다.

_ 오정현 목사 (사랑의교회 담임)

예수님은 우리가 복음만큼 멋지고, 복음만큼 힘차고, 복음만큼 영향력 있는 삶을 살기를 원하신다. 곽명옥 선교사는 그런 삶이 어떤 것인지를 우리에게 보여주는 좋은 모델 인생을 살아가고 있다.

『나는 전한다』는 그 길을 확실히 알고, 그 길을 가리키는 하늘의 가이드로서 저자의 진솔한 삶의 고백이다. 우리 모두에게 전도의 열정을 불붙이고 전염시키기에 충분한 에너지가 이 책 안에 꿈틀거린다.

_ 양승헌 목사 (한국해외선교회GMF 이사)

곽명옥 선교사는 예수님을 만난 감격적인 사건 이후에 가정에서, 직장에서 그리고 지역 교회를 넘어 온 세계를 누비며 그 감격을 전하는 평신도 사역자의 좋은 모델이다. 구원에 대한 개인적인 기쁨과 감격에 머물지 않고, 영혼 구원에 대한 부르심에 응답하고 순종하는 실천적인 삶이 우리를 부끄럽게 한다.

경건의 모양은 있으나 복음의 능력으로 살지 못하는 이 무기력한 시대에, 그의 거리낌 없는 결단과 순종은 우리에게 신선한 자극과

도전을 던진다. 전도의 열정이 회복되기를 바라는 한국 교회와 성도들에게 꼭 필요한 메시지이다.

_ 도문갑 목사 (성서유니온 총무)

2012년 런던올림픽에서 우리나라는 국가대표 선수들의 선전으로 참가국 중 5위의 쾌거를 이루었습니다. 역시 금메달은 국위선양의 보증수표입니다. 누가 그 귀한 금메달을 마다하겠습니까?

선수의 목에 금메달이 걸리고 국가가 연주되는 장면은 황홀한 감동을 안겨 줍니다. 그런데 문제는 한 선수가 금메달을 취하면 나머지 선수들은 은메달과 동메달에 머물러야 한다는 현실입니다. 아무리 세계인의 눈과 귀를 사로잡고 마음을 몰입하게 하는 올림픽이라 하더라도 동일한 종목에서 모두가 금메달리스트가 될 수는 없는 법입니다. 이것은 세상의 방식이기도 합니다.

그런데 복음의 세계에는 반전이 있습니다. 모두가 금메달리스트가 될 수 있다는 사실입니다. 다른 사람이 금메달을 가져갔다 해도 남아 있는 사람들이 갈등하거나 좌절할 필요가 전혀 없습니다. 평소 존경하고 사랑하는 곽명옥 권사님은 이 책을 통해 자신이 하나님 나라의 금메달리스트가 될 뿐 아니라, 또 다른 사람들에게 금메달리스트가 되는 법을 체험적으로 알려줍니다.

올림픽위원회에서 수여하는 금메달도 이렇듯 자랑스럽고 소중하다면 우리 주님께서 우리를 칭찬하시고 인정하셔서 주시는 금메달은 무슨 말을 더할 수 있겠습니까? 진정 하나님 나라의 금메달리스트는 '영혼을 얻는 자'(Soul Winner)입니다. 생명의 주님께서 가장 기뻐하시는 복음 사역의 현장에 함께 달려갈 수 있도록 용기를 주고 노하우를 알려주는 소중한 책이 우리 손에 들려져 곽명옥 권사님처럼 우리 모두도 주님의 사랑과 복음의 영광스러움으로 사람을 얻는 금메달 성도들의 반열에 서기를 소원합니다.

_ 오정호 목사 (새로남교회 담임)

제자훈련의 열매는 주어진 은사와 삶의 환경 속에서 소명에 따라 살아가는 한 명의 깨어난 평신도입니다. 곽명옥 선교사님의 이야기는 이런 제자훈련의 열매가 어떤 것인지를 잘 보여줍니다. 지극히 평범한 한 가정주부가 어떻게 생명력이 넘치는 소그룹 사역을 감당하고, 전 세계를 다니며 전도할 수 있는 특별한 삶을 살게 되었는지를 보여줍니다. 제자훈련의 '한 사람 정신'을 함께 이어가기 원하는 모든 목회자와 평신도들에게 기쁨으로 이 책을 추천합니다.

_ 김명호 목사 (국제제자훈련원 대표)

대중적 이미지로만 채색된 기독교나 예수님에 대한 지식은 진짜가 아니다. 그렇게 보면 아직도 우리 주변에는 개인적으로, 인격적으로 복음을 들어야 할 영혼들이 너무 많다. 그들과 소통하는 데 유일한 걸림돌은 기존 신자들의 망설임 또는 딱 한 발을 내딛지 못함이다.

곽명옥 선교사님은 현장전도 전문가다. 전도에서 사람의 말이나 애매한 삶, 소모적인 논쟁보다 성령의 나타나심과 능력을 중시한다. 요한복음 3장 16절 복음 자체의 파워를 보여주는 현장 복음 전도 사례와 가이드가 풍부한 이 책은 제자훈련이 붙든 한 영혼 철학의 의미 있는 열매이자 패기 넘치는 평신도 중심 사역의 실전 보고서다.

_ 안환균 목사 (변증전도연구소 소장)

프롤로그

로마의 스페인 광장, 모든 명품 브랜드가 집결돼 있는 곳. 정신이 혼미해질 정도로 휘황찬란한 그곳에서 두 시간의 자유시간이 생겼다. 쇼핑과 관광에 열중하고 있는 사람들을 지나 나는 손가방을 들고 거리로 나갔다. 그 시간 동안 나는 방글라데시에서 온 기념품 상인 두 명, 거리의 화가, 성당 입구에 앉아 있는 여인, 걸인 청년, 필리핀 아주머니를 만났다. 나는 그들에게 다가가 전도지를 보여주며 복음을 전했다. 준비해 온 조그마한 선물도 나눠 주었다.

나라고 왜 명품에 눈이 가지 않을까. 그러나 명품보다 내 눈길을 붙잡는 것은 바로 주님을 알지 못하는 가련한 영혼들이다. 예수님의 십자가 능력과 부활, 그 복음을 전할 때마다 복음의 생명력이 내 속에서 새롭게 솟아난다. 복음을 날마다 생생하게 경험하는 삶, 그 복음으로 충만한 삶. 이것이야말로 전도자의 특권이 아닐까. 그래서 나는 땀 흡수가 잘 되는 티셔츠와 낡은 청바지, 발 편한 스포츠형 샌들에 만족할 수 있다.

"하나님이 세상을 무척 사랑하셔서 하나밖에 없는 외아들마저 보내 주셨으니 누구든지 그를 믿기만 하면 멸망하지 않고 영원한 생명을 얻는다"(요 3:16 현대인의성경).

새 생명을 주는 '완전한 복음'인 이 말씀은, 내 전도법의 핵심이다. 신기하게도 복음은 아무리 강조하고 선포해도 싫증나지 않는다. 오히려 횟수를 거듭할수록 더욱 강력한 능력이 나타난다. '생명의 떡 예수 그리스도, 영원히 마르지 않는 샘물 예수 그리스도'에게서만이 진정한 생명력이 흘러넘친다. 그래서 나는 오직 복음만 외칠 뿐이다. "복음 전하는 자들이 복음으로 말미암아 살리라"(고전 9:14).

이 말씀을 붙들고 전도해 온 지도 어느덧 15여 년이 흘렀다. 이 전도법 덕분에, 평범한 가정주부이자 영어학원 원장이던 내가 전도자이자 전도 강사로 전직(?)했고, 국내에만 머무르지 않고 해외로까지 나가 전도현장을 누볐다. 특히 한국해외선교회(GMP) 선교사로 파송받은 뒤로는 매년 인도, 캄보디아, 알바니아, 아프리카에서 정기적으로 해외사역을 감당하고 있다.

특별할 것 하나 없는 평범한 가정주부인 내가 어떻게 이런 은혜의 주인공이 되었을까? 조심스레 추측해 보면, 불신 종가 맏며느리로 시집 가서, 불상에 절까지 할 정도로 하나님을 멀리 떠난 나를 기다려 주신 주님을 향한 감격 때문이 아닐까 싶다. 하나님을 떠나서 헤매고 방황하며 고생하다가 주님을 다시 만났을 때의 감격이 아직도 생생하게 느껴진다. 죽을 것 같이 힘들었는데, 이제는 살겠다는 느낌…. 생명을 다시 얻은 그 순간을 잊을 수 없다. 그래서 나처럼 주님을 떠나 있는 영혼에게 그토록 안쓰럽고 애틋한 감정을 갖나 보다.

시어른 모시고, 남편 내조하고, 아이들 키우면서 영어학원까지 운영하느라 참 바쁘게 살았다. 그런데 은혜를 점점 더 받을수록 전도하지 않을 수 없었고, 감사하게도 전도를 하면 열매가 풍성하게 맺혔다. 특히 순장으로 파송받은 다락방이 매 학기마다 계속해서 배가되는 은혜와 불교 집안이었던 시댁 식구들이 모두 예수 믿는 사람으로 변화되는 역사를 경험했다. 주님은 이 일들을 통해 내 안에 은사를 발견하게 하시고 전도의 열정을 불태우게 하셨다. 그리고 국내에서, 해외에서 복음을 전하는 전도자로 세우셨다.

복음을 전할 때, 나에게서 다른 영혼으로 완전한 복음이 유통될 때, 나는 가장 행복하다. 복음이 필요한 곳, 나를 부르는 곳이면 어디든지 부지런히 달려갈 것이다. 한 영혼을 살리는 전도현장의 영원한 현역으로 말이다.

CONTENTS

- 추천사 · 5
- 프롤로그 · 11

1. 영원한 현역 전도자 · 17

복음의 씨앗이 뿌려지다 | 불교집안 맏며느리가 되다 | 다시 아버지 품으로 | 왕고집 보살 시할머니의 회심 | 든든한 믿음의 배후, 친정 | 내 모든 것 다 주님의 것

2. 평신도 사역자가 되다 · 37

일 욕심에서 벗어나다 | 너무나 그리운 옥한흠 목사님 | 순장이 되다 | 오정호 목사님 | 열심이 특심 | 맨투맨 다락방 | 매 학기, 다락방이 배가되다 | 순장의 기쁨 | 내가 만난 순원들

3. 복음은 스스로 움직인다 · 77

요한복음 3장 16절에서 아이디어를 얻다 | 특별한 만남, 생명의 복음 | 13억 인구를 향해 파송받은 선교사 | 전도는 교회에 수혈하는 것 | 전도, 최고의 부가가치 | 노숙자들에게 복음을 전하다 | 한여름에 김 매는 수고, 현장전도 | 그들이 믿지 않는 이유 | 대각성전도집회 초청 요령 | 왜 기도하지 않니? | 완벽한 응답

4. 예사랑전도학교가 시작되다 • 123

예사랑전도학교가 섬긴 교회들 | 못 말리는 전도자들의 생생한 목소리

5. 복음에는 국경이 없더라 • 151

첫 해외 전도훈련 사역, 인도 | 미얀마의 젊은 신학도들을 깨우다 | '나 홀로' 다시 인도에 가다 | 암환자와 함께한 불가리아, 알바니아 사역

6. 완전한 복음 요 3:16 전도법 • 191

■ 에필로그 • 202

※ 일러두기 _ 이 책에 언급된 일부 인물들은 가명으로 처리하였습니다

1. 영원한 현역 전도자

지금에야 깨닫는다.
하나님의 말씀은 살아 있고 활력이 있어
스스로 내 안에서 자라나고 있었다는 것을.

목요일 오전, 사랑의교회 사랑의전도단이 모이는 날이다. 사랑의전도단은 현재 20여 군데 이상의 전도현장으로 복음을 들고 나간다. 세 명이 한 조를 이루어 강남역으로, 고속터미널로, 종합병원으로, 공원으로, 사람이 모여 있는 곳이면 어디라도 나가 하나님께서 예비해 두신 영혼들과 접촉하고 복음을 전한다.

우리 팀은 매주 S대학병원으로 간다. 나는 몇 주 동안 나와 함께 다닌 권사님 두 분께 스스로 전도해 보시기를 권했다.

"오늘은 두 분이 팀을 이루어 딴 병실로 가서 복음을 전해 보세요."

그런데 두 분은 아무래도 긴장이 되시는 모양이다.

"그렇다면 오늘 한 번 더 함께 나가요. 요 3:16 복음제시를 정석으로 하는 걸 점검해 볼게요."

병원 전도는 환자들의 상황에 따라 성령께서 주시는 지혜가 필요하다. 기도만 해드릴 수도 있고, 간단하게 복음을 전할 수도 있고, 또 충분한 시간을 가지고 간증도 하며 복음을 자세히 전할 수도 있다. 그런데 무엇보다 중요한 것은 성령께서 상황을 여셔야 정석으로 완전한 복음을 제시할 수 있다. 나는 이러한 점들을 두 분과 다시 한 번 확인했다.

병실 문앞에 도착했다. 나도 약간 긴장이 되었다. 조심스런 마음으로 2인실 병실로 들어갔다. 40대 초반의 자매가 다음 날 위암 수술을 앞두고 있었다. 옆에서 그의 언니가 간병을 하고 있었다.

"교회에서 환우들을 위해 기도봉사하러 나왔어요. 잠시 들어가도 될까요?"

내가 조심스럽게 묻자 흔쾌히 응하셨다. 이런저런 이야기를 나누다 자매의 고향이 경기도 이천이며 할아버지 되시는 분이 오래 전에 강원도 문막감리교회 담임목사를 지내셨다는 말을 들었다. 그 순간 나는 너무 놀랐다. 그분은 바로 내가 다니던 중학교 교목이셨다. 거의 50여 년 전의 일이라 너무 신기하고 반가웠다. 뿌리 깊은 신앙의 집안에서 자란 자매는 무슨 이유인지는 잘 모르겠지만 아이들만 교회에 보내고 본인은 신앙생활을 하지 않고 있었다. 그러다 중병이 들어 남편과 함께 교회에 나가기 시작했다는 것이다. 동생을 간병하는 언니는 감리교 신학대학원생으로 선교사 준비를 하고 있었다. 나 역시 선교사라고 하자 매우 반가워했다.

난 요 3:16 전도지를 펴서 자매에게 진지하게 복음을 전했다. 창조주 하나님이 육신이 되셔서 이 땅에 오셔야 했던 이유, 불가능이 없으신 그분이 행하신 기사와 이적, 그리고 특별히 불치병을 치유하신 그분의 사역을 전하며, 지금도 믿음만 있다면 기적이 일어날 수 있다는 사실을 힘 있게 전했다.

복음을 전하며 성령께서 함께하심을 강하게 느꼈다. 50여 전에 내게 신앙의 양분을 주셨던 교목의 손녀에게 다시 복음을 전하는 기막힌 타이밍…. 나와 한조를 이루었던 권사님 중 한 분은 갑상선암 치료를 받았고, 또 다른 권사님도 갑상선에 혹이 있어 정밀검사 결과를 기다리고 있는 상태였다. 그 병실에 있던 모든 사람에게 어느 때보다 주님의 치유하심이 필요한 시점이었다. 그리고 복음을 전하는 나도 새롭게 복음의 능력을 경험하고 있었다.

결국 자매는 결신기도를 따라했고 우리는 만병의 의사이신 예수님의 이름으로 치유를 위해 간곡히 기도드렸다. 자매의 밝은 표정에 우리 모두는 주님이 자매를 치유하시리라고 확신할 수 있었다. 그리고 선교사 지망생인 언니와 그 자매가 하나님 나라의 영향력 있는 일꾼이 되리라고 기대할 수 있었다. 하나님께서는 두 자매를 위해 우리를 그 병원으로 보내셨고, 내가 그들의 할아버지에게 진 복음의 빚을 50년 후에 되갚게 하셨다. 또한 동행했던 두 권사님에게 정석으로 복음을 전하는 모습을 보여줄 수 있도록 상황을 열어 달라는 내 기도에 정확하게 응답하셨다. 언제나 내 곁에 계셔서 내 일거일동을 보고 들으시는 주님을 어떻게 자랑하지 않을 수 있을까….

병실을 나와 돌아오는 길에 전화벨이 울렸다. 갑상선 정밀검사 결과를 기다리는 권사님의 전화였다. 결과는 "이상 없음"이었다.

복음의 씨앗이 뿌려지다

초등학교도 들어가기도 전, 나는 속회예배를 드리러 가는 언니오빠들을 따라다니며 신앙생활을 시작했다. 희미한 등잔불 밑에서 찬송과 성경책을 눈에 바짝 들이대고 힘차게 찬송을 불렀다. 20대 초반에 키가 컸던 속장님은 커다란 손을 휘저으며 믿음, 소망, 사랑을 외쳤고 난 예배 도중에 졸거나 아예 잠을 자곤 했다. 지금 주일학교 아이들처럼 성경구절을 암송하거나 성경공부를 하지도 않았다.

그러나 겨자씨 한 알만한 복음은 내 안에서 싹이 트고 잎이 났다. 꽃을 피우고 열매를 맺어 많은 새들이 깃들고 지저귀며, 널따란 그늘을 드리워 먼 길에 지친 사람들이 쉼을 얻는 장소가 되었다.

복음의 씨가 싹트고 자라나는 데 나는 아무 수고도 하지 않았다. 그냥 속회예배를 따라다니며 찬송을 흥얼거리며 존 기억밖에는 없다. 지금에야 깨닫는다. 하나님의 말씀은 살아있고 활력이 있어 스스로 내 안에서 자라고 있었다는 것을.

대학생이 되어 시작한 대학부 생활도 즐거웠다. 성가대에 서서 부활절엔 칸타타를 찬양했고, 크리스마스엔 캐럴을 부르며 새벽송을 돌고 주일학교 교사로도 봉사했다. 성경퀴즈 대회에서 상도 타고….

당시 나는 단지 교회 활동을 즐겼을 뿐 구원의 확신이 없었다. 성경을 읽고 주일학교 아이들을 가르치면서도 정작 나는 성경이 정확무오한 하나님의 말씀이라는 확신이 없었다. 그래서 자주 신학생 전도사님들과 논쟁하며 "어떻게 하나님이 말씀으로 우주 만물을 창조하셔?" "어떻게 처녀 마리아가 예수님을 잉태해?" "예수님이 물위로 걸으셨다고?"라고 비아냥거리며 많은 의문들을 쏟아 냈다.

난 나의 머리로 이해가 되는 것만 믿으려 했고 창조주 하나님의 전지전능하심에는 관심도 없었다. 설교는 그냥 설교일 뿐 나에게 전혀 영향을 미치지 못했다.

그런 나의 상태를 아신 하나님은 '너 한번 맛 좀 봐라' 하시는 듯 하나님과 멀어지도록 방관하셨던 것 같다.

불교 집안 맏며느리가 되다

대학 졸업 후 영어 교사로 재직하다가 지금의 남편을 만나 결혼하게 되었다. 독실한 불교 신자이신 시할머니를 모시는 종가 맏며느리 자리였다. 시할머님은 부처님께도 신실하셨지만 조상님들은 또 얼마나 지극 정성으로 섬기셨는지 일제 식민지와 6·25 전쟁을 겪으면서도 조상들의 제삿날이 되면 떡을 해서 조상 산소에서 차례를 지내시곤 했다. 그런 분이 내가 교회에 나가도록 허용하실 리가 없었다.

"우리 집안엔 예수쟁이 안 된다."

교회생활을 즐겼을 뿐 구원의 확신 같은 건 별로 대수롭지 않게 여겼던 나는 시할머니를 따라 쉽게 절에 가곤 했다. 사월 초파일이 되면 식구별로 연등 값도 드리고 할머니와 함께 불상 앞에 절도 하곤 했다.

그런 세월을 10년이나 보냈다. 지금 생각하면 하나님이 참으로 오래 참으셨구나 하는 생각이 든다. 하나님의 형상을 따라 가장 품격 있게 지음 받은 내가 쇠붙이를 녹여 만든 불상 앞에 절을 하며 소원을 빌었으니, 하나님께서 얼마나 자존심이 상하셨을까, 또 내가 얼마나 한심하셨을까? 지금도 너무나 죄송하고 민망하다.

하나님을 떠나 우상을 좇는 삶이 평탄할 리가 없었다. 만사가 불통이었다. 또순이처럼 열심히 살아 보려 했지만 나의 노력과 수고들은 전혀 열매를 거두지 못했고 나는 걱정 근심을 안고 불면증에 시달리며 불안한 삶을 지속해 나갔다.

가끔 옛날 한때 신앙생활을 함께했던 친구들이 전화를 하여 권면하곤 했다. "하나님께 매 맞기 전에 돌아와"라는 말을 들을 때마다 속으로 생각했다. 신앙은 나약한 사람의 전유물이라고. 나는 스스로 당당하게 열심히 살면 아무 문제도 없을 거라고 장담했다.

다시 아버지 품으로

결혼생활이 10년 차로 접어들 즈음, 심한 우울 증세를 견디다 못해 친정에 쉬러 갔다. 친정 오빠는 고향에 교회를 개척하고 신실하게 섬기고 있었다. 내가 하나님과 멀어져 내 멋대로 살아가는 동안 오빠는 늘 나를 위해 기도하며 "매 맞기 전에 돌아오라"고 권면했지만 나는 콧방귀만 뀌었다. 더구나 나는 하나님의 은혜로 교회를 지어 봉헌한 오빠를 비아냥거렸다.

"교회가 모자라서 오빠까지 교회를 지어?"

교회 음향시설 헌금을 부탁받았을 때 거절한 적도 있었다. 개구리 올챙이 적 생각 못한다고, 내가 바로 그랬다. 예수 믿는 사람들을 저급한 사람으로 무시하며 얼마나 건방을 떨었는지…. 사실 나는 선교사들이 세운 학교에 다니며 그들이 제공하는 강냉이가루 급식으로 배를 채우고 구호품으로 지급하는 옷을 받아 입고 장학금으로 공부해 영어 교사가 되었다. 그것이 하나님의 은혜인 줄 모르고, 나는 내가 잘나고 열심히 해서 그렇게 된 줄 알았다.

그렇게 못되게 굴었건만 하나님은 우울증으로 힘겨워 하는 나를 작은오빠를 통해 다시 교회로 부르셨다. 오빠가 나를 교회로 데려가 찬송가를 반주해 주었고 우린 몇 시간 동안 찬송을 불렀다.

"어서 돌아오오, 어서 돌아만 오오, 우리 주는 날마다 기다리신다오, 밤마다 문 열어 놓고 마음 졸이시며, 나간 자식 돌아오기만 밤새 기다리신다오."

"돌아와 돌아와 집을 나간 자여…, 나 주를 멀리 떠났다…."

의도한 것이 아닌데, 찬양집 페이지만 열면 탕자를 부르는 아버지의 마음을 표현한 찬송 시리즈가 나왔다. 찬송을 부르는 동안 내 얼굴은 눈물범벅이 되었다. 아버지집을 나간 나에게 돌아오라고 호소하는 성령의 노래였다. 나는 오빠의 애정 어린 권면을 받아들여 다시 교회를 나가기로 결심했다.

다시 아버지 품으로 돌아온 나는 주님께 귀한 선물을 받았다. 말씀에 눈이 뜨인 것이다. 성경이 살아 계신 하나님의 정확무오한 말씀으로 믿어졌다. 대학부 시절 신학생들과 논쟁하며 비아냥거렸던 바로 그 말씀들이 줄줄이 믿어지게 된 것이다. 비로소 말씀에 집중할 수 있었다. "태초에 하나님이 천지를 창조하시니라"는 창세기 1장 1절 말씀부터 믿어지기 시작했다. 이 말씀이 믿어지기 시작하자 내 세계관이 달라졌다. 하나님께서 엿새 동안 사람들이 살기에 완벽한 우주만물을 만드셨다는 것을 믿고 나니 세상 삼라만상이 모두 신비했다. 지금도 이 세상을 바라보면 마음이 설레어 창조주 하나님을 찬양할 수밖에 없다.

내가 성경 속의 주인공 아브라함이고, 이삭이고, 야곱이고 요셉이었다…. 이스라엘 백성을 향한 하나님의 원대한 구원 계획 속에 나도 주인공이 되어 있었던 것이다.

나는 인간이 죄인이 된 경로와 나 역시 죄인이라는 사실을 깨닫고 회개하기 시작했다. 창세기, 출애굽기, 레위기를 통해 하나님이 '나 외에 다른 신을 두지 말라'는 명령을 그토록 반복하셨는데, 나는 10년 동안이나 하나님을 멀리하고 불상 앞에 절까지 했다. 나는 두 달 동안 성경을 넘기며 눈물 흘리며 회개기도했다. 그런 내게 하나님께서는 "너의 회개기도를 들었다. 내가 너를 우상 섬기는 가문에 선교사로 보냈다"고 위로해 주시며 새로운 사명을 허락하셨다.

사명은 사람을 새롭게 하고 살리는 능력이 있다. 선교사라는 사명을 품고 시댁 구원을 위해 기도하기 시작하자 내 마음의 응어리가 풀리는 것을 경험했다. 그동안 시댁을 향해 품고 있었던 원망과 미움이 해결된 것이다. 주변에서는 우리 시댁이 법 없이도 살 착한 사람들이라고들 했다. 그런데 그동안 집안에 일어났던 어려움과 문제들이 우상을 섬기던 나 때문이었음을 깨달았다. 비로소 시댁 식구들에게 죄송한 마음, 시댁 식구들을 사랑하는 마음이 들었다.

회개한 후 가난한 심령이 된 나는 새벽 3시에 일어나 가족들을 구원해 달라는 기도와 나를 하나님의 귀한 도구로 사용해 달라는 기도를 2년 동안 드렸다. 하나님은 내 기도에 신실하게 응답해 주셨다. 불신 종가였던 우리 집안이 시할머니로부터 막내 시동생까지 모두 예수를 믿는 복음의 가정이 된 것이다. 할렐루야!!

왕고집 보살 시할머니의 회심

가족 구원의 문이 열리고 마지막 고비인 시할머니가 남았다. 당시 시할머니는 80세이셨다. 할머니만 믿으시면 온 가족 영혼 구원이 이루어지는데 보살이신 할머니의 고집이 보통이 아니셨다. 난 할머니께 간곡히 말씀드리곤 했다.

"할머니, 할머니께서 절에 가서 등을 다시면서 자식들 잘되기를 바라시지요? 이제 정말 할머니만 돌아오시면 되는데 자식들을 위해 교회 같이 가셔요."

그러면 할머니는 아무 말씀이 없으셨다. 할머니 반응을 살피면서 나는 애원하듯 재차 말씀드렸다.

"할머니가 지금까지 들인 그 공이 다 어디로 갔나요? 한 자식이라도 복을 받았나요? 이 집안이 더 이상 얼마나 망가질 수 있겠어요?"

그러면 할머니도 한마디 하신다.

"이제 와서 어떻게 조상을 버리고 가냐? 난 안 간다."

조상을 공경하는 마음이 각별하신 할머니께 그와 관련한 성경구절을 알려드렸다. 정확하게 확인시켜 드리기 위해 성경을 펴서 손으로 말씀을 짚어가며 말씀드렸다.

"할머니, 하나님은 네 부모를 공경하라고 명령하셨어요. 효의 근본은 교회에서 가르치고 있어요. 돌아가신 후가 아니라 살아 계실 때 공경하라고요."

"…."

하나님께서 부모 공경을 제일 강조하신다는 말에 할머니는 맘이 좀 편안해지는 듯하셨으나 평생을 지켜 오신 신념이 쉽게 무너지지는 않으셨다. 그래도 나는 할머니께 끈질기게 권면했다.

"할머니, 지금까지 그렇게 조상들을 잘 모시고 제사 때마다 정성스런 어물들을 차려 놓고 한밤중에 창문까지 열면서 들어와 잡수시라고 청하시는데 그분들이 단 한 톨이라도 드셨나요?"

이 말에 할머니도 하실 말씀이 없는 듯 보였다.

끝까지 버티시는 시할머니의 마음을 움직일 결정적 사건이 일어났다. 당신의 며느님이자 나의 시어머니의 환갑잔치를 앞둔 어느 날이었다. 아버님이 어머님 환갑잔치를 주일에 치르기로 결정하셨다. 이제 예수를 갓 믿게 된 집안이 주일 성수를 가장 소중하게 생각하며 예배를 드려야 하는데 하필 환갑잔치를 주일로 정해서 하신다니…. 이건 안 될 일이라고 생각하며 말씀드렸다.

"주일에는 예배를 드려야 되는데요?"

아버님은 아주 못마땅해 하셨다.

"너나 갔다 오려무나."

맏며느리인 내가 교회 간다고 시어머니 환갑잔치에 빠지면 시고모, 이모, 시누이들을 비롯한 일가친척들이 모두 모여 입을 삐죽이며 하나님의 영광을 가릴 텐데, 그 생각을 하니 영 마음이 언짢았다.

'오 주님!'을 부르며 계속 기도만 하고 있던 금요일, 할머니는 며느리 환갑잔치를 위해 김치를 담그시다 과로하셨는지 그만 병이 나서 쓰러지셨다. 여든이 되신 노인이 큰 잔치를 앞두고 여러 일을 하셨으니 쓰러지실 만도 했다.

당시 나는 학교 교사를 그만두고 자그마한 외국어 학원을 경영하고 있었기 때문에 집안일을 도울 여유가 도무지 되지 않았다. 시어머니도 오랫동안 장사를 하셨기 때문에 살림을 능숙하게 하지 못하셨다. 다행히 할머니가 연세가 많이 드시긴 했지만, 정정하신 편이라 살림을 도맡아 잘하셨다. 더구나 우리 아들 둘도 잘 키워 주셔서 그 덕분에 내가 학원일을 할 수 있었다.

집안에서 가장 큰 어른이 쓰러져 병원에 입원하고 계시는 바람에 환갑잔치는 물건너가게 되었다. 어머님에겐 죄송한 일이지만, 나는 할머니가 연세가 많으셔서 그 길로 돌아가실까봐 가슴이 덜컥했다. 한창 성령충만해 있던 나는 천국과 지옥에 대한 분명한 확신이 있었다. 할머니께서 지금 돌아가시면 지옥 가실 텐데 그러면 어쩌나 싶었다. 그래서 발을 동동 구르며 목사님께 말씀드렸더니 나더러 철야하고 금식하라고 하셨다. 나는 그 말에 은근히 불만이 생겼다.

'아니, 할머니가 고집을 피우고 안 믿으시는데, 왜 내가 철야를 하고 금식을 해야 돼?'

그러면서도 나는 목사님 말씀에 순종했다. 할머니께서 퇴원하신 후 온 밤을 새워 철야기도를 하고 다음날 하루 금식을 선포했다. 남편과 함께 금식하며 할머니를 붙들고 간절히 기도드렸다. 6·25 전쟁 때 남편을 잃으신 후 홀로 외롭게 집안 살림을 도맡아 손주들을 키워 오신 할머니를 향한 긍휼한 마음이 생겼다. 할머니의 구원을 위해 눈물을 흘리며 하나님께 애원했다.

그 기도를 드린 날 밤, 할머니께서는 악몽을 꾸셨나 보다. '이러다간 아이들도 다치겠다' 하고 겁에 질려 깨어나 정신을 가다듬고 말씀하셨다.

"며칠 남지 않은 초파일에 염주랑 절의 소품들을 스님께 갖다 드리고 다음 주부턴 교회에 나가겠다."

그후로는 절에 다닐 때 지닌 열정 그대로 집 근처 교회에 꼬박꼬박 나가셨다. 워낙 고령이라 귀가 잘 들리지 않아 갑갑해하시는 것을 주님이 아셨는지 기도 중에 성령의 불도 체험하고 환상도 보셨다.

할머니는 슬하에 2남1녀를 두셨는데 모두 할머니의 기도로 예수를 믿게 되었다. 아침마다 늘 한결같이 나라와 지도자들과 목사님들, 당신 자녀들을 위해 기도하셨다. 할머니가 식사기도를 하시면 늘 똑같은 기도에 웃음이 나오면서도 은혜로웠다.

그렇게 예수를 믿으시고 16년을 더 사시다가 96세에 우리 집에서 아름답게 소천하셨다. 할머니는 죽음을 위해서도 늘 기도하셨다. 자식들 고생할까봐 추운 겨울이나 뜨거운 한여름이 아니라 따뜻한 계절에 돌아가시길 소망하셨다. 그 소망대로 할머니는 아카시아 향내가 그윽한 5월 8일 어버이날에 나의 임종기도를 들으시고 10분 후에 돌아가셨다. 지금도 할머니가 가끔 생각나고 보고 싶다.

든든한 믿음의 배후, 친정

내가 하나님께 돌아와 믿음의 길을 씩씩하게 걸어갈 수 있었던 것은 친정집의 믿음과 기도 덕분이었다. 친정 식구, 특히 오빠들의 믿음은 내 믿음의 든든한 버팀목이다. 오빠들은 순전한 믿음을 가졌다. 지금 생각해도 오빠들의 믿음에 하나님도 감동하셔서 복을 주셨구나 싶다.

예전에는 보릿고개를 겪으며 생일에도 쌀밥을 제대로 먹지 못하고 감자나 고구마를 잔뜩 섞어 보리밥을 먹는 것이 보통이었다. 그런 시절에 오빠들은 추수감사절이 되면 쌀가마뿐 아니라 직접 농사지은 무, 배추 등 여러 수확물 중에서 가장 실한 것으로 강대상에 올려놓았다. 명절날 동네에서 돼지라도 잡으면 가장 맛있는 부위들은 목사님 댁으로 가져갔던 기억이 난다.

그 당시 우리 마을엔 교회가 없었고 약 2킬로미터 정도 걸어야 했는데 교회 가는 길에 섬강이라는 강을 건너야 했다. 그런데 이 다리가 워낙 오래되어 여름철 장마 때면 3분의 1쯤 끊겨 교복 치마를 걷어올리고 책가방을 머리에 인 채 강을 건너다니던 기억이 난다. 오빠는 한겨울 차가운 강바람에도 이 강둑을 걸어 새벽기도를 꼬박꼬박 다녔다. 오빠의 믿음은 교회에서도 인정받아 30대에 장로가 되셨다. 장로가 된 후 오빠는 '우리가 사는 마을에도 교회가 하나 있어야겠다'

라는 생각을 하게 되었다. 성령께서 주신 감동인 것 같았다.

　오빠는 담임목사님과 상의를 하고 동네 부녀 집사님 몇몇 분에게 취지를 이야기하여 모두로부터 찬성을 얻어내셨다. 그런데 문제는 헌금을 할 분이 없었다.

　그즈음 오빠는 면에서 젖소 세 마리를 분양받았는데 하나님이 복을 주셔서 그 젖소가 불어나 스무 마리가 되었다. 오빠는 하나님이 주신 복을 교회를 짓는 데 사용하기로 마음먹었다. '젖소를 다 팔아서라도 교회를 짓고 싶습니다'라는 마음의 고백을 하나님께 드리고, 세 마을이 가장 잘 보이는 초등학교 앞에 땅을 구입해 건축을 시작했다.

　오빠의 중심을 보신 하나님은 교회가 건축되기 시작하자 오빠의 젖소에게 쌍태를 허락하셨다. 건축비가 필요할 때마다 단계적으로 네 마리가 쌍태하여 여덟 마리의 송아지가 태어나게 된 것이다. 건축이 완공되자 쌍태도 그쳤다.

　하나님께서는 미신과 술과 노름이 넘치는 그 마을에 교회가 세워져 당신의 나라가 확장되는 것을 그토록 기뻐하셨던 것이다. 하나님께서는 오빠의 중심을 아시고 처음에 오빠가 팔기로 계획했던 젖소는 한 마리도 팔지 않게 하셨다. 대신, 하나님만이 하실 수 있는 기묘한 방법으로 예배당을 건축하게 하심으로 당신의 살아 계심을 보여주셨다.

내 모든 것 다 주님의 것

성경을 읽으면 읽을수록 살아 계시는 하나님은 우리의 기도를 무엇이나 들어주신다는 것을 깨닫고 경험한다. 그런데 나는 왜 하나님을 깨닫지 못하고 하나님의 존재를 무시했는지, 하나님 안에서 살아야 할 내가 왜 하나님 밖에서 외롭고 힘든 생활을 홀로 견디며 애를 쓰며 살아왔는지 곰곰이 생각하게 되었다.

하나님과 내가 멀어진 이유가 도대체 무엇일까?

바로 '가난' 때문이었던 같다. 어렵게 대학에 들어가 아르바이트를 하며 근근이 살았지만, 그 시절 나는 꿈도 많고 하고 싶은 것도 많았다. 그런데 그 꿈들을 이룰 수 없어서 부잣집 아이들만 보면 열등감이 들었고 그 감정이 내 안에 꽤 깊숙이 자리 잡고 있었던 모양이다. 그 증거 중 하나로, 나는 헌금하기를 싫어했다. 동전 하나도 아까웠던 것이다. 나는 동전이 있으면 라면이라도 사서 한 끼를 해결해야 할 처지였다.

교회에서 성가대, 주일학교 교사로 봉사하면서, 봄 가을로 배밭이나 포도원 등지로 야유회를 갈 때도 분위기는 즐기면서도 교회 헌금을 쓰는 것은 늘 못마땅해하곤 했다.

하나님을 멀리 떠났다가 주님의 은혜로 다시 돌아온 후 나는 하나님과 멀어진 이 결정적 원인이었던 가난을 극복해 보자고 결심했다. 내가 학원 원장까지 된 것은 전적인 하나님의 은혜였다. 따라서 나는 내 입 하나 놀려서 들어오는 수입이 내 것이 아니라는 생각이 들었다. 그래서 모든 수입을 하나님의 영광을 위해 사용하겠다고 고백했다. 동전 하나도 아까워하던 내가 '내 모든 것이 다 주님의 것'이라고 고백할 수 있었던 것은 하나님이 베푸신 기적 중 하나다.

물질에서 자유로워진 나는 더욱 말씀을 가까이했다. 주로 영어 성경으로 통독했다. 지금도 습관이 되어 두꺼운 영어 성경을 열 개의 낱권으로 만들어 얇은 책 한 권씩 항상 가방에 넣고 다니며 지하철이나 비행기, 공원에서 즐겨 읽는다.

시대가 급변해 지금은 내 손 안에 스마트폰 하나만 가지고 다니며 성경을 통독한다. 공원을 걸으면서 읽고, 앉아 쉬면서도 읽는다. 내가 국내에서나 국외에서, 또 어느 인종이나 어느 부류의 사람에게나 겁 없이 복음을 전할 수 있는 원동력이 바로 여기에 있다.

2. 평신도 사역자가 되다

환경, 언어, 인종, 나이를 뛰어넘어
모든 사람을 평준화시키는 복음의 능력과 힘이 신기하고 놀랍다.
예수 그리스도의 이름이 지닌 영향력은 모든 면에서 완벽하다.

내가 지금 이렇게 사역하기까지는 많은 분들의 도움이 있었다. 어린 시절 졸기만 했던 나에게 복음의 씨를 뿌리셨던 민선규 속장님. 수십 년 전 민속장님은 가난한 농부의 딸이었던 내가 세상을 누비며 복음을 전하는 전도자가 될 줄 상상이나 하셨을까? 지금은 원로목사님이 되셔서 고향에서 노인요양원인 평심원 대표로 계신다. 내게 한 알의 밀알이 되어 주신 속장님께 다시 한 번 감사의 마음을 전한다. 나에게 거듭난 체험과 성령의 능력을 실감하게 하셨던 신근영 목사님도 나의 영적 스승이시다.

그런데 나에게 가장 큰 영향을 미쳤던 분은 바로 옥한흠 목사님이시다. 그분은 나에게 복음의 몽학선생이자 말씀을 먹이시는 아버지 같은 분으로서, 내가 복음 전도자로 또 선교사로 성장할 수 있도록 꿈과 비전을 품게 하시고 그것을 이룰 수 있도록 이끌어 주신 분이다.

내가 사랑의교회에 처음 발을 디딘 때는 1987년 4월 어느 주일이었다. 그날 들었던 옥목사님의 설교말씀은 25년이 지난 지금까지도 잊을 수가 없다. 베드로전서 2장 9절 "그러나 너희는 택하신 족속이요 왕 같은 제사장들이요 거룩한 나라요 그의 소유가 된 백성이니 이는 너희를 어두운 데서 불러내어 그의 기이한 빛에 들어가게 하신 이의 아름다운 덕을 선포하게 하려 하심이라"는 본문이었다.

평신도인 나에게 왕 같은 제사장직을 주셨다…. 처음 들어 보는 설교말씀이었다. 버스를 타고 집으로 돌아오는 내내 가슴이 뛰었다.

'내가 왕 같은 제사장이야? 왕 같은 제사장이라고?'

나는 그동안 제사장 역할은 목사님만 감당하는 줄 알았다. 그런데 바로 내가 제사장이라는 사실에 나는 신선한 충격과 벅찬 감동을 느꼈다.

강대상에서 흘러나오는 옥목사님의 말씀은 내 심령에 은혜의 생수를 부어 주었다. 수요일 오전 시편 강해에서도 옥목사님은 특유의 쉽고 구체적이면서도 힘 있는 말씀을 전해 주셨다. 그분의 말씀은 내 머리에 쏙쏙 들어왔고 내 가슴을 뛰게 했다. 말씀으로 받은 은혜로, 나는 일상의 분주함과 피곤함을 잊었고 말씀에 대한 갈급함과 열정과 의욕으로 불타올랐다.

목사님께서 목청 높여 외치시는 '복 있는 사람'은 나였고, 그래서 그 말씀대로 나는 '여호와의 율법을 즐거워하여 주야로 묵상하는 자'가 되었다. 특히 시편 8편 "여호와 우리 주여 주의 이름이 온 땅에…"를 찬양으로 부를 땐 창조주 하나님의 크신 위엄에 압도당했으며 "사람이 무엇이관대 주께서 저를 생각하시며 인자가 무엇이관대 주께서 저를 권고하시나이까"를 고백할 땐 이 미세한 먼지만도 못한 나를 생각하시고 권고하시고 사랑하셔서 독생자를 희생시키신 하나님의 크신 사랑에 벅찬 가슴을 주체할 수 없었다.

다윗이 사울 왕에게 쫓기며 광야에서 외로운 싸움을 치르며 오직 하나님만이 힘이 되시고 위로가 되시고 사망의 음침한 골짜기에서도 보호가 되셨음을 고백한 말씀을 묵상할 때는 내 고통이 더 이상 나를 괴롭히지 못했다.

옥목사님은 설교를 마치신 후 입을 크게 벌리고 목청을 높이시며, "나의 힘이 되신 여호와여 내가 주님을 사랑합니다…"라고 찬양하셨다. 그 찬양이 내 삶에도 힘이 되곤 했다.

그때 경험한 시편의 위력으로 나는 말씀 통독에 박차를 가하게 되었다. 지금도 친분이 있는 분과 함께 이따금 안성수양관에서 하룻밤을 묵으며 시편을 통독하곤 한다. 시편 기자의 마음을 달라고 무릎 꿇고 손을 들고 간절히 기도하고 소리내어 시편을 읽어내려 가면 성령님이 우리 안에 가득 임재하신다. 그런 후 잠깐 밖에 나와 환한 달밤에 산속 샘물 앞에서 춤추며 찬양하던 아름다운 추억도 있다.

특히 시편 119편은 나의 건강 처방전이다. 감기에 걸리거나 몸에 병이 났을 때 나는 골방에서 119편을 소리내어 읽는다. 처음엔 내용도 잘 모른 채 제일 길어서 택한 말씀인데,

읽을수록 말씀에 대한 갈증이 느껴진다. '여호와의 법', '여호와의 증거', '주의 율례', '주의 규례', '주의 계명', '주의 법도', '주의 도', '주의 말씀', '주의 교훈' 등 하나님의 말씀에 대한 표현이 반복해서 나오기 때문인 것 같다. 내친 김에 시편 150편 끝까지 읽고 기도하면, 내 몸을 괴롭히는 병은 온 데간데 없다. 말씀 자체의 능력을 체험하는 것이다.

일 욕심에서 벗어나다

1989년 옥목사님께 사역훈련을 받으며 로마서 8장을 접했다. 내가 남은 생애 무슨 일을 하며 살아야 하는지 사명 의식을 갖게 하는 결정적인 말씀이었다. 당시 나는 기도도 열심히 하고, 헌금도 맘껏 하고, 학원에서 강의하는 중에 시간을 쪼개 열심히 봉사해도, 내 뻣뻣한 자존심과 일 욕심이 쉽게 고쳐지지 않아서 고민을 많이 하고 있었다. 그 당시는 과외 몇 시간만 해도 수입이 꽤 괜찮은 때였는데, 예수를 믿는다고 하면서도 세속적인 욕심을 잘 다스리지 못했던 것이다. 그런 내 가슴에 13절이 비수처럼 꽂혔다. "너희가 육신대로 살면 반드시 죽을 것이로되 영으로써 몸의 행실을 죽이면 살리니." 특히 "육신대로 살면 반드시 죽는다"라는 말씀이 내 맘 속에 들어와 박혔다. 이 말씀을 자주 생각하고 묵상하다

보니, 육신을 죽이는 방법이 바로 5절에 나오는 영을 좇는 자가 되는 것이란 깨달음을 얻었다. 바로 영으로 몸의 행실을 죽일 수 있다는 것을 깨달은 것이다.

갈라디아서 5장 16절 "내가 이르노니 너희는 성령을 따라 행하라 그리하면 육체의 욕심을 이루지 아니하리라"는 말씀을 NIV 성경은 이렇게 표현한다. "Live by the Spirit, and you will not gratify the desires of the sinful nature." 우리말 성경에서 "성령을 따라 행하라" 하면 행위의 주체가 '나'인 것 같은데, "성령에 의해 살라"는 영어 표현은 행위의 주체가 성령이다. 성령께서 나를 통제하셔서 죄성의 소욕들을 만족시키지 않는다는 것이다. 육신의 소욕은 나보다 성령께서 더 민감하게 느끼고 계셔서 나의 죄된 생각, 내가 생각 없이 내뱉은 말 그리고 무심코 한 행동으로 심하게 괴로워하고 계심을 알게 되었다.

로마서 8장은, 단순히 사역반 과제로 암기해야 하는 말씀이 아니라, 나에게는 정말 날선 검보다 예리하고 살아 있고 활력 있는 말씀이었다. 그리고 하나님이 일단 택하신 자, 아들까지도 내어 주셔서 사랑하신 자, 완전한 사랑을 받은 자는 아무도, 그 무엇도 대적할 수 없다는 말씀이다. 이 말씀을 통해 나는 어떤 상황이나 환경에서도 굳건히 설 수 있도록 믿음의 기초를 다질 수 있었다.

옥목사님은 사역반 훈련 초기부터 "우리 한번 놀러 가요"라고 몇 번이나 말씀하셨다. 스무 명 남짓한 우리 사역반 훈련생들이 목사님 강의를 스펀지처럼 빨아들이는 분위기에 감동하신 것 같았다. 그러나 사역반 후반기에 옥목사님은 건강이 급격히 나빠지시더니 결국 안식년으로 쉬게 되셨다. 그래서 다른 부교역자님들이 사역반을 마무리해 주셨다. 지금 옥목사님은 그 약속을 영원히 펑크 내신 채 천국에서 우리의 사역을 보시며 흐뭇해하실 것 같다.

너무나 그리운 옥한흠 목사님

옥한흠 목사님이 소천하셨다는 소식을 들은 건 블라디보스토크 사역을 하던 중이었다. 옥목사님이 중환자실에 계실 때 면회가 안 되어 밖에서 한참 기도하다가 돌아온 후로는 아무래도 하나님께서 목사님을 당신 곁에 두길 원하시는 것 같다는 생각이 들었다. 마음속으로 각오는 하고 있었지만 막상 소천 소식을 듣고 이제 두 번 다시 못 뵌다고 생각하니 휑하니 뚫린 듯 먹먹한 마음을 가눌 길이 없었다.

사역 일정 때문에 장례식에 달려갈 수가 없었다. 현지에서 주일예배까지 사역을 마치고 월요일에 인터넷으로 장례예배를 드리며 하염없이 눈물을 흘렸다. 그리고 깨달았다. 사람의 진가는 그 사람이 죽은 후에 평가된다는 것을.

사실 옥목사님께 섭섭한 마음을 품은 적도 있었다. 주님이 인도하시는 대로 국내외로 거침없이 복음을 외치고 다니다 지친 몸으로 돌아오면, 보이지 않는 예수님 말고 보이는 목사님께서 내 사역을 좀 알아주셨으면 하는 마음이 들기도 했다. 기도와 격려 한마디가 간절한 적도 많았다. 그럴 형편이 못 되는 것이 못내 아쉬웠는데, 이제 목사님께서 시간과 공간을 초월해 계시는 예수님과 함께 나의 일거일동을 보신다고 생각하니 한없는 위로가 된다. 그래서인지 이제 목사님이 오히려 더 가까이 계신 것 같다.

"우리 목사님! 멋있고 값지게 사셨어요. 가신 후에 그 진가는 계속 나타날 거예요. 목사님은 가셨지만 복음에 대한 목사님의 값진 가르침은 더욱 힘 있게 계승될 거예요.

저 같은 제자도 있잖아요. 사역훈련 시간에 가까이 앉아서 폴싹폴싹 대답도 잘했잖아요. 숙제도 꼬박꼬박 잘했고요. 숙제를 제대로 듣지 못해 암기 딱 한 주 못한 것 외에는요. 순장은 또 얼마나 시원시원하게 했는지 아시지요? 제가 오대양 육대주 다니며 전도훈련 시킨다고 말씀드렸을 때 '대단하다, 대단해' 하며 기뻐하시던 모습도 눈에 선합니다.

선교지에서 아주 힘들고 고생하며 사역했어요. 거의 40도 가까이 되는 폭염 아래 강바닥 자갈 길을 걷고, 선교지에 도착하기까지 열일곱 개 되는 강물을 건너기 위해 바지를 걷어 올리다 못해 아예 물속을 둥둥 헤엄치며, 디딘 돌 밑에서 뱀이 스르르 기어나오는 길을 다섯 시간이나 걸어서 도착한 필리핀의 시골마을, 예전에는 아이도 제물로 우상신에게 바쳤다는 그런 마을에서 주일에 마을 남녀노소를 모으고 복음을 외쳤던 적이 있어요.

저는 그때 목사님이 이 사실을 좀 알아주셨으면 하고 참 아쉬워했어요. 예수님은 언제나 어디서나 만나 주시고 위로해 주시고 힘 주시는데, 목사님은 왜 알아주시지 않을까, 섭섭함이 도가 지나 분도 나고 불평한 적도 있었어요.

죄송해요, 목사님! 지금은 다 보고 계시죠? 목사님께서 가르쳐 주신 복음을 열심을 내어 전하고 가르치고 깨우칠게요. 천국에서 응원하시고 격려해 주실 거죠?"

순장이 되다

1990년 2월, 순장으로 파송받아 자양동 지역을 맡았다. 당시 나는 말씀을 사모하며 말씀을 알아가는 기쁨에 푹 빠져 있었다. 화요일마다 옥목사님이 인도하시는 순장반에 참석했다. 가기 전에는 꼭 예습을 했고 목사님 강의에 집중했다. 목사님이 사용하시는 용어도, 예화도, 생활에 적용하는 말씀도 나를 두고 하시는 말씀 같아 매번 순장반이 기다려졌다.

교재는 목사님이 직접 쓰신 『하나님의 마음에 든 사람 다윗』, 『로마서 1, 2』, 『시편』, 『야고보서』 등이었다.

순장반을 인도하시는 옥한흠 목사님

『다윗』에서는 다윗의 생애에 주목하여 하나님의 긍휼하심을 크게 입은 자, 하나님을 항상 기쁘시게 하는 자 다윗처럼 주님의 마음에 드는 사람이 되려는 열망을 불태웠다.

『로마서』에서는 '로마교회는 복음을 다시 들어야 했다'는 내용을 통해 복음을 부끄러워해서는 안 된다는 사실이 내 심중에 꽂혔다. 이것은 내가 담대히 복음을 전하는 자로 서게 된 결정적 계기가 되었다. 그리고 복음을 전하다 보니 교회에 출석하며 봉사를 많이 하는 사람들 중에서도 복음을 다시 들어야 할 사람들이 너무도 많다는 사실을 파악하게 되었다. 그래서 나의 복음 전도 대상자는 만나는 사람 모두다. 복음을 모르는 자에겐 조곤조곤 전하며 가르치고, 복음을 아는 자에겐 증인된 삶을 살라는 도전을 준다.

『야고보서』에서는 "시험을 온전히 기쁘게 여기라"는 말씀이 큰 도전이 되었다. 죄인인 인간으로서는 본능적으로 시험을 두려워할 수 있지만 나는 이 말씀을 붙들고 승리할 수 있었다.

"너희 중에 누구든지 지혜가 부족하거든 모든 사람에게 후히 주시고 꾸짖지 아니하시는 하나님께 구하라 그리하면 주시리라"는 말씀은 불가능이 없으신 주님을 추호도 의심하지 않는 믿음을 강조한다. 이 말씀은 내가 큰 일을 앞두고 기도할 때마다 하나님께 '협박처럼' 들이대는 말씀들이다.

특히 야고보서 5장을 통해 병든 자를 돌아보며 중보기도하는 시간을 갖기도 했다. 의인들의 중보기도는 역사함이 많다는 말씀을 추호도 의심하지 않는 나는 기도모임 만들기를 아주 좋아한다. 당시 나는 '아차산 아낙네들의 모임'을 만들어 순장들, 교구장들과 함께 광진구 지역 다락방 배가를 위하여, 지역 복음화를 위하여, 그 지역의 이단과 불상, 암흑가 퇴치를 위하여 기도하고 있었다. 그러던 중에 교회에서 목요 저녁 기도모임이 시작되어 광진구 기도모임은 교회 기도모임 쪽으로 합류되었다.

순장반을 생각하면 옥목사님에 대한 특별한 추억도 함께 떠오른다. 목사님께서는 시편 103편을 특히 좋아하셨다. 목사님은 그 말씀을 순장반에서 암기하시며 우리도 암기하도록 도전을 주셨다. "내 영혼아 여호와를 송축하라 내 속에 있는 것들아 다 그 성호를 송축하라…"

필립 얀시의 『놀라운 하나님의 은혜』라는 책을 읽으시고는 은혜에 대해 더욱 자주 말씀하시며 은혜의 감격에 젖어 드시기도 했다. 아무도 흔들 수 없는 구원의 은혜를 강조하시던 모습도 눈에 선하다.

순장반 강의를 마칠 즈음에 소리 높여 부르셨던 찬양도 기억난다. "나의 맘 속에 온전히 주님만 모셔 놓고… 기쁘나 슬프나 오직 한 맘 주 위해… 주는 나의 큰 능력, 주는 나의 큰 소망… 내 평생 사는 동안 주 찬양하리…." 온 몸과 맘을 다해 주만 섬기며 따르리란 진한 다짐이기에 순장반을 마치고 집으로 돌아오는 길에서는 나의 입에서도 역시 그 찬양이 절로 나왔다. 기도하려 무릎 꿇을 때도 그 찬양들을 힘껏 부르고 나면 기도 줄이 술술 잡힌다.

오정호 목사님
내가 처음으로 순장을 맡았을 당시 담당 목사님은 오정호 목사님(현재 새로남교회 담임)이셨다. 그 당시 나는 다언어 공동체인 일본 언어교류연구소(Hippo family club)와 함께 한국 다언어 가족 활동에 연구원으로 활동 중이었다. 그 활동의 일환으로 학생들 스물다섯 명을 인솔해 20일간 일본 가정에서 홈스테이를 하고 돌아오는 바람에 다락방 오프닝이 늦어졌고, 자연히 목사님의 심방도 좀 늦게 받았다. 목사님께 뒤늦게 심방 요청을 하기 위해 전화를 드려 사유를 말씀드렸다.

"그렇게 바쁜 분이 어떻게 순장을 하시겠어요?"

"바쁘지만 시간을 내어 하려고 합니다."

순장 사역에 대한 내 열정을 보시고 오목사님은 선뜻 심방 약속을 해주셨다. 그후로도 목사님은 영혼 구원을 위한 내 열정을 응원하시며 순원 심방을 요청하면 언제나 시간을 내어 주시곤 했다. 당시 교회 방침은 등록 신자만 심방을 하게 되어 있었다. 그런데 아직 등록하지도 않은 전도 대상자를 위해 내가 심방을 요청드리면 목사님은 기꺼이 응해 주셨던 것이다. 새 순원을 심방하시게 되면 두어 가지 기초 질문으로 구원의 확신을 점검하셨다. 그후 나에게 양육하라는 사인을 주신 후, 새 순원에게 말씀을 주시고 간단히 예배 드리고 가시곤 했다.

그때 내가 맡은 다락방은 한 학기마다 배가되어 1년에 두 개의 새로운 다락방으로 부흥되었다. 자양 1다락방에서 2, 3,

4다락방까지 늘어나자 목사님께서 내게 물으셨다.

"다락방을 몇 개나 분립시키고 싶으신가요?"

"열 개 다락방이요!"

"좋습니다. 순장님이 품은 꿈대로 될 겁니다."

목사님은 그렇게 나를 격려해 주시고 지지해 주셨다. 그 꿈이 이루어지는 것을 보시기 전, 미국 유학을 떠나신 것이 못내 아쉽다.

열심이 특심

나는 매주 금요일 다락방을 인도하기 위해 목요일 저녁이면 최종 예습을 하고 다락방에 임했다. 할 일도 많은 주부 순원들이 매주 금요일이면 꼬박꼬박 참석해 주어 너무 고마웠다.

당시 옥목사님께서는 수요일 오전에 시편을 강해하셨다. 그래서 나도 순원들에게 시편을 읽자고 권했다. 특히 각 편에서 한 구절을 선택해 매주 한 절씩 외우자고 제안하고 숙제를 주었다. 다들 부담스러워 하긴 했지만 꼬박꼬박 성실하게 숙제를 해오는 순원도 있어서 즐거웠다. 하나님께서 다락방을 향한 나의 열정을 예쁘게 봐 주셨는지 다락방이 배가되는 은혜를 허락해 주셨다.

당시 나는 저녁에 학원강의 하랴, 낮에 교회봉사 하랴, 전도하랴, 새벽이면 일찍 일어나 큐티하고 새벽기도 하랴, 틈틈이 성경 읽으랴 24시간이 모자랄 정도로 뛰고 있었다. 그래도 순장 사역에 즐거움과 보람을 느꼈고 열정적으로 그 일을 감당해 나갔다.

한번은 이런 꿈도 꾸었다. K대통령 시절에 청와대에 초청되어 갔다. 약 스무 명 정도가 대통령을 중심으로 원탁에 둘러앉아 차례대로 자기 소개를 하고 있었다. 내 차례가 되자 나는 "저는 사랑의교회 순장입니다"라고 소개했다. 순간 잠이 깼고, 혼자 웃었다. 그 당시 나는 학원장이었고 영어 강의를 하고 있었는데, 순장 일에 얼마나 집중했는지 꿈 속 대통령 앞에서까지 순장임을 자랑스러워했던 것이다.

지금도 여건만 허락되면 순장을 하고 싶다. 순장을 오래 하고 있는 사람들이 순장을 그만두어야겠다고 말하면 나는 한사코 말린다. 순장 시절은 나를 전도자와 선교사로 만든 모판이었기 때문이다.

맨투맨 다락방

신앙이 어린 사람들은 다락방 모임에 잘 빠지곤 한다. 그러면 나는 전화를 걸어 못 나온 이유를 알아내고는 주로 토요일 오전에 잠깐 들른다고 약속을 한다.

순원을 직접 찾아가 그 주 다락방 교재의 요점들을 나누다 보면 그 순원은 자신의 사정을 편안하게 술술 털어놓는다. 기도제목도 말한다. 그러면 나는 기회를 얻었다 싶어 그 기도제목을 붙들고 뜨겁게 기도한다. 응답 여부를 떠나 순원은 순장이 해주는 기도를 통해 일단 힘을 얻는다.

일대일 양육의 장점이 여기에 있다. 맨투맨으로 순원을 만나다 보면 순원들도 감동을 받는다. 바쁜 순장이 자기를 위해 특별히 시간을 내고 관심을 가져주는 것이 고마워서인지, 아무리 꾀를 피우는 순원이라도 두어 번만 찾아가면 그다음부터는 다락방에 빠지지 않고 꼬박꼬박 나오게 된다.

미용실이나 양품점 등을 경영하는 순원들도 있다. 나는 그들에게 가게 문을 닫고 다락방에 참석하라고 무리하게 요구하지는 않는다. 믿지 않는 고객들이 이해하기 힘든 행동은 나도 싫어한다. 손님이 뜸한 가장 한가한 시간이 언제냐고 묻고, 한달에 한 번 정도 그 시간에 다른 순원들과 함께 가서 예배를 드린다. 그리고 그 외에는 일대일 양육을 위해 혼자서 찾아간다.

한번은 남편과 이혼 소송을 걸어 놓고 일곱 살짜리 딸을 데리고 나와 친정에서 지내는 자매가 순원으로 들어왔다. 나는 어떻게 하든 그 순원의 이혼은 막아야겠다고 마음을 먹고 열심히 기도하며 섬겼다. 그런데 몇 주 나오더니 취직했다고 다락방에 못 나오겠다고 한다. 사연을 들어 보니 이혼하면 생계를 꾸려야 해서 미용 기술을 배우러 미용실에 보조로 취직을 했다는 것이다.

"자매님, 지금 취직이 급한 게 아닌 것 같아요. 친정집에 4층 빌딩도 있는데 자매 모녀를 못 먹여 줄까봐 서둘러 취직을 해요? 지금 한창 은혜 받고 있는데, 이혼 사유가 하나님 앞에 타당한지 시간을 좀 두고 기다려 보면 좋을 것 같아요. 미용실 보조로 취직하기가 그렇게 어려운 것도 아니잖아요?"

내가 간곡히 권면했지만, 순장이 그렇게 말한다고 해서 이미 결정한 일을 번복할 리가 만무했다. 나는 끝까지 포기하지 않고 근무 시간을 물었다.

"오전 9시에 출근해서 오후 9시에 끝나요. 일하는 곳은 노원구예요."

언제 만나야 할지 고민이 되었다.

"나는 늦게라도 괜찮으니, 일 끝나고 군자역 휴게 의자에서 잠깐 만날 수 있을까요?"

나는 이 자매를 위해 끝까지 최선을 다하고 싶었다. 밤 늦은 시간이었지만, 군자역에서 만나 그 자매의 귀에다 그 주 다락방 말씀을 조곤조곤 전해 주고는 간절히 기도했다. 휴게 의자에 앉아 눈물 콧물 흘리던 그 자매가 지금도 생각난다.

매 학기, 다락방이 배가되다

내가 맡은 다락방은 대체로 다섯 명으로 시작해 한 학기가 끝날 무렵 거의 두 배로 늘어 열 명 정도로 부흥한다. 그러면 아직 연약한 순원들을 6개월 더 양육할 생각으로 붙들어 두고 좀 성숙한 순원들은 다른 다락방으로 보낸다. 6개월 뒤 또 다락방이 배가되는 복을 받으면, 또 성숙한 순원을 보내고 좀 연약한 순원들을 한 학기 동안 더 붙들고 그들을 양육하고 전도했다. 그렇게 자양 1다락방에서 2, 3, 4다락방이 탄생하고, 구의동 1,2다락방이 탄생했다.

한달 안에 새 식구가 들어오지 않으면 답답해지기 시작했다. 늘 나오는 순원들의 기도제목은 뻔하다. 자녀들 입시문제, 취업문제, 결혼문제, 그다음은 손주들 문제, 그리고 건강과 재정문제 등이다. 물론 중요한 기도제목들이다. 그러나 한 가지가 응답되면 가정 안에 또 다른 기도제목이 생긴다. 그러다 보면 평생을 나와 내 가족의 문제만 놓고 기도한다. 그 테두리에서 벗어나질 못한다.

그러나 하나님께서는 남을 위해, 특히 불신자의 영혼을 놓고 기도하는 것, 또 그들에게 예수님을 소개하는 것을 아주 기뻐하신다. 그러다 보면 나와 내 가족의 문제는 시간을 많이 들여 기도하지 않아도 보너스로 응답해 주심을 많이 경험했다.

그래서 나는 특히 불신자가 전도받아 들어오면 대환영이다. 복음화되지 않은 불모지 같은 가정에서 신앙이 꿋꿋이 자라는 순원들, 그리고 그 가정의 남편과 아이들, 어른들이 교회에 등록하고 서서히 복음화 되는 과정을 보는 것은 내게 최고의 보람이자 기쁨이었다.

다락방 송년 파티

우리 다락방은 다양한 계층이 모였다. 15만 원 월세방에 사는 사람도 있었고 국세청에 억대 세금을 내는 사람도 있었다. 연세 드신 분들도 아기 엄마들과 잘 어울리셨다. 환경, 언어, 인종, 나이를 뛰어넘어 모든 사람을 평준화시키는 복음의 능력과 힘이 신기하고 놀랍다. 예수 그리스도의 이름이 지닌 영향력은 모든 면에서 완벽하다.

가끔 토요일에 다락방 모임을 할 때면 유치원에 가지 않은 아이들까지 와서, 어른보다 아이들 숫자가 더 많을 때도 있었다. 예배 중에 한 놈이 '엄마, 쉬' 하면 다른 아이들도 '나도, 나도' 하며 따라했다. 한 아이가 '물' 하면 '나도, 나도' 따라했다. 싸우고 울기도 했다. 그러면 엄마들이 들락날락했다. 순장인 나도 중단하고 참견을 해야 했다.

다행히 성경공부 교재가 귀납식이기에 아기 엄마들이 앉았다 일어났다 들락날락 하면서도 자기 차례가 되면 잘 읽고 대답하고 나누었다. 아기 엄마들은 거의 30대 초반이어서 잘 양육하면 또 다른 영향력을 끼치는 순장이 될 수 있다.

나는 다락방 순원이든 전도해서 양육한 사람이든, 그 사람이 나보다 더욱 영향력을 끼치는 예수님의 제자가 되는 것을 보고 싶다. 지금 와서 보니 나와 가까이 하고 함께 사역을 돕던 사람들이 거의 다 선교사나 전도사가 되거나 각 공동체에 평신도 지도자가 되어 활발하게 사역하고 있다.

예수님 외엔 다른 어떤 것에도 가치를 두거나 집중력을 빼앗기지 않도록 성령께서 도우심을 느낀다. 전적으로 하나님의 은혜에 감사할 따름이다.

하나님께서 한번은 강변 쪽에 있는 아파트 단지의 순장으로 나를 옮기셨다. 순장 사역을 하면서 나도 느슨해진 때였다. 양육의 열정이 좀 식어 성장 속도가 더딘 순원을 이끄는데 꾀를 피우기 시작했다. 성령님께서는 참으로 민감하셨다.

"양육하기가 귀찮니? 그럼 쉬어라" 말씀하시는 것 같았다.

새로 옮긴 다락방에는 새 식구가 들어오지 않았다. 들어오기는커녕 한 학기가 지나자 한 분은 멀리 이사를 갔고, 한 분은 남편이 실직했다고 가게를 차려 떠났고, 또 한 분은 순장으로 파송을 받으셔야 했다. 순원이 반으로 줄었다. 마음이 좀 착잡했지만 다른 순원에게 전혀 티를 내지 않으려고 더 열심을 내었다.

당시에 나는 교회 선교부 주일 기도모임에 참석하고 있었다. 모임 중에 한 집사님이 세계에 흩어져 있는 선교사님들을 위해 3인조 기도운동을 하자고 양식까지 만들어 제안하셨다. 세 명이 한 조가 되어 우리 교회가 파송한 선교사님 한 분씩을 맡아 선교사님 사역과 가정 그리고 그 땅을 위해 기도하고, 해당 선교사님이 안식년을 맞아 한국으로 들어오시면 여러 가지로 돕자는 내용이었다. 우리 모두 찬성하고 그렇게 하기로 했다. 우리 팀이 기도하는 분은 파푸아뉴기니에서 번역 선교를 하시는 선교사님이었다.

기도를 뜨겁게 하다가 나중에는 그분을 위한 기도회를 결성해 좀 더 구체적인 것들로 돕기 시작했다. 열심히 편지도 쓰고 기도모임 멤버들도 모으고 안식년으로 오셨을 때 필요한 물품도 모으곤 했다. 이 일은 나중에 내가 선교사가 되는 데 큰 영향을 미쳤다.

나는 이 3인조 기도운동을 우리 다락방에 적용하고 싶은 마음이 들었다. 우리 순원들에게 각각 전도 대상자 세 명씩을 그 양식에 적으라고 했다. 모두 교회 가는 것을 반대하는 남편과 시댁 식구들을 적었다. 물론 식구들의 구원 문제가 최우선인 것은 당연하다.

그러나 나는 30대 전후 순원들을 순장으로 세울 야무진 꿈을 가지고 있었다. 그들은 또래 친구들이 없다고 했다. 나는 전도 대상자가 없는 게 아니라 대상자를 교회로 인도할 용기가 없다는 걸로 이해했다. 우리는 다락방 교재를 공부하기 전, 우리 다락방에 기도 체인으로 배정받은 선교사와 그분이 사역하고 있는 나라를 위해 기도하고, 그다음 우리 나라와 위정자들을 위해, 담임목사님과 교구 목사님을 위해, 그리고 우리 다락방의 전도 대상자 아홉 명의 이름을 불러 가며 기도했다. 그러면 약 30분의 시간이 소요되었다. 그리고 다락방 교재를 시작했다.

기도한 지 두 주쯤 되어 한 순원이 신이 나서 일본에서 오신 한 자매님이 있다고 말했다. 나는 지체하지 않고 그 자매를 방문했다. 남편 직장을 따라 일본에 갔는데 일본엔 교회가 별로 없어서 신앙생활을 제대로 못했다고 했다. 기독교 대학을 나와 채플에도 참석한 경험이 있어서 기독교 배경은 있는 자매였다. 간증으로 시작해서 복음을 죽 설명하고 결신

시키고 중보기도도 해주었다.

그런 다음 다락방을 소개했다. 일본에서 온 자매는 그다음 주부터 꼬박꼬박 나오며 은혜를 끼쳤다. 믿음이 얼마나 아름답게 자라는지 난 그 자매를 '천사'라고 불렀다. 천사 자매는 시어머니가 돌아가신 후 시어머니가 돌보던 1급 장애인인 시아주버니를 몇 년 동안이나 모시고 살았다. 그 모습을 보면서 사실 난 부끄러웠다. 난 말만 잘하지 실제로 그렇게 자신을 희생하며 섬기는 것은 힘들 것 같다고 고백했다.

그 천사 자매가 들어온 후 보름쯤 지나자, 이 자매가 또 이웃 아파트의 한 자매를 소개했다. 역시 아이가 둘 있는 30대 초반의 자매인데 가까운 동네 교회를 다니고 있었다고 했다. 그런데 어떤 이유인지는 몰라도 교인들이 다 흩어지고 그 자매 역시 교회를 나가지 않고 있었다. 다른 교회도 비슷할 것 같아 나갈 생각이 없다고 한다.

그 자매에게 아이 둘을 데리고 우리 교회까지 가자고 청하는 것은 좀 무리다 싶어 복음으로 권면하고 다락방을 소개했다. 일단 다락방에만 나오면, 성수 주일을 하면 어떤 복이 있는지, 십일조는 왜 해야 하는지 성경적으로 가르칠 수 있고, 몇 주 지나면 교회 출석으로도 이어지기 때문이다. 그다음 주부터 그 자매도 다락방에 열심히 나왔다. 신났다. 우리의 기도를 응답하시는 하나님을 체험하며 우리는 계속 명단에 기록된 이름을 불러 가며 다락방 배가를 위해 기도했다.

15일 만에 하나님은 또 전라도 광주에서 이사 온 판사 부인을 만나게 하셨다. 남매를 둔 30대 중반의 주부였는데 신앙생활은 좀 열의가 없었다. 찾아가 복음을 전했더니 다락방에 꼬박꼬박 참석하였다.

이렇게 보름 간격으로 정확하게 45일 만에, 하나님은 다락방이 배가되는 복을 주셨다. 우리가 기도한 명단은 시간이 더 필요하시다고 생각하셨는지 하나님은 대신 다른 사람들을 보내 주신 것이다.

너무 기쁘고 신이 나서 교회 신문인 「우리지」에 45일 만에 다락방 배가의 기도에 응답하신 하나님께 영광을 돌리는 기사를 썼다. 아는 목사님들과 순장반 담당 전도사님도 기사를 읽으시고는 기뻐하시며 격려해 주셨다.

나는 다른 교회들의 초청을 받아 전도훈련을 진행할 때도 이 원리를 자주 이야기한다.

교회가 부흥하기 원하고 교인들도 전도하기를 원하는데 막상 대상자를 전도해서 교회까지 인도하기는 쉽지 않다. 그런데 거듭난 교인이라면 증인된 삶을 살아야 한다고 생각한다. 영생의 소망이 없는 사람들, 그 영혼을 불쌍히 여기는 마음으로 다가가는 자세가 필요하다. 성도들이 그러한 마음으로 이웃을 향해 나갈 때 하나님께서는 전혀 생각지 않은 사람들을 교회로 솔솔 보내주신다.

순장의 기쁨

바쁜 일상, 화려한 취미생활, 그럴듯한 돈벌이 등 이 시대에는 주부들을 유혹하는 것들이 너무 많다. 그럼에도 꼬박꼬박 다락방에 참석하고, 은혜 받은 이야기들을 나누고, 신앙이 성장하는 순원들을 볼 수 있어서 참 감사하다. 내가 맡았던 순원들은 지금 현재 거의 순장, 교구장 그리고 주위 사람들에게 선한 영향력을 끼치는 자리에서 섬기고 있다.

순장 사역은, 내가 영적·인격적으로 성숙하게 된 전환점이 되었다. 순원을 섬기느라 수고하고 애쓴 것 이상으로 나 개인적으로도 큰 유익을 얻었다. 다락방을 섬기기 위해 교재의 한 단원을 예습하고, 순장반에 가장 심혈을 기울이는 옥목사님의 깊이 있고 구체적인 강의를 듣고, 다락방 예배 전날 다시 한 번 예습하면서 순원 각 사람의 기도제목을 놓고 기도로 준비하며 다락방 모임에 임한다. 한 단원의 말씀에 그토록 집중하는데 하나님이 지혜를 쏟아부어 주시지 않겠는가? 정신 없이 뛰어다니며 여러 가지 일을 해도 지칠 새가 없다.

나는 사람들이 나에게 "피곤하시죠?"라고 인사하는 것이 언짢다. "순장님을 보면 정말 힘이 절로 나요"라는 인사가 반갑다. "아이구, 얼마나 피곤하고 힘드세요?" 하면 기다렸다는 듯이 '정말 내가 너무 지나친 것 아닌가?'라는 괜한 염려와 두려움이 엄습한다.

그렇다고 내가 철의 여인이라는 건 아니다. 나도 자주 넘어지고 조금만 방심하면 병도 잘 걸린다. 하지만 내 안에 계신 성령님이 나에게 필요한 말씀들을 공급해 주셔서 그 말씀을 붙들고 기도하면 곧 일어나게 하신다.

복음 전도자, 당신의 이름을 선포하며 자랑하기를 즐겨하는 나에게 하나님이 주시는 독특한 은혜는 수시로 찾아온다. 그 은혜에 항상 감격하고 감사할 뿐이다.

내가 만난 순원들

이웃집의 가정 복음화

우리 집 근처에 살고 있는 자매는 나의 전도 대상자였다. 그 자매가 세 딸의 영어 지도를 나한테 부탁하면서 교제가 시작되었다.

평소 나를 신뢰하고 서로 친하게 지내던 사이였으나, 전혀 예수를 믿을 성싶지 않던 자매였다. 결혼 전 친정어머니는 외딸인 그녀가 교회 다니는 사람과는 아예 선도 못 보게 하셨다. 당연히 믿지 않는 남자와 결혼했다. 주일이면 골목 앞에 있는 교회에서 주일학교 분반공부를 한다고 아이들이 떠들어 대는 바람에 화가 치밀어 물바가지를 들고 차마 끼얹지는 못하고 위협하곤 했다고 한다. 그런 자매였기에 섣불리 복음도 전하지 못한 채 기도만 하고 있었다. 하나님은 이제나저제나 기회만 엿보고 있는 나에게 우리 구역 식구 한 가정을 그 집에 세를 들어 살게 하셨다. 더 가깝게 접근하게 하신 것이다. 그런데 그 자매는 다락방 예배가 있는 날은 일부러 집을 비웠다.

　그런데 그 자매가 넷째 아이를 출산한 것이다. 시댁의 은근한 압력에 아들을 갖고 싶었는데 넷째는 또 딸이었다. 출산 후 바깥 출입을 삼가고 있던 자매에게 다가설 절호의 기회였다. 전화를 걸었다. 전화 상으로 자매의 딱한 사정을 들었다. 아들이든 딸이든 아이를 하나 더 낳으면 봐 주겠다고 부추기던 시어머니는 자매가 딸을 낳자 곧바로 시골로 가버리신 것이다.

"그 딸이 장래 어떤 인물이 될 줄 아무도 모르잖아요? 아마 모르긴 해도 딸 덕분에 그 집에 웃음꽃이 필 거예요."

　이렇게 위로하고 며칠 뒤에 맘을 먹고 그 집을 방문했다.

　나는 자매와 마주 앉아 내 인생을 바꿔 놓으신 예수님 이야기를 죽 나누고 복음을 전했다. 그 자매는 마무리 부분에서

쑥스러워하면서도 결신기도를 또박또박 따라했다.

그때 바로 오정호 목사님께 심방을 부탁드렸고, 그후 자매는 다락방에 꼬박꼬박 나왔다. 그의 남편은 교회라면 질색을 하는 분이었지만, 아이들의 영어 교사인 나를 신임하고 있어서 주일 예배 드리는 것까지는 허용해 주었다.

시간이 지남에 따라 이 자매의 친정 올케와 남동생도 교회에 나오기 시작했다. 가족들의 구원이 계속 이루어지는 걸 보며 이 자매는 얼마나 기뻐했는지 모른다. 그후로 한 3년쯤 지나자 친정 부모님 내외도 대각성전도집회에 나오셔서 결신하셨다. 물론 그렇게 되기까지 다락방에서는 끊임없이 기도를 계속했고, 직접 친정 부모님을 방문하여 복음을 제시하고 무병장수를 위해 기도해 드리기도 했다.

자매의 친정 식구들이 교회에 출석한 지 1년쯤 후 친정 올케는 세례를, 남동생과 어머니는 학습을 받게 되었다. 한 가정에서 세 명이나 학습 세례를 받는 건 대단한 축복이 아닐 수 없다. 특별히 친정 올케는 수천 명 성도가 모인 예배 시간에 간증까지 하게 되었다. 이 간증문은 발 없는 복음이 되어 전 세계 인터넷 방송으로, 또 음성 자료로 많은 분들에게 은혜를 끼친다. 그러니 세례 간증을 했다는 것은 가문의 영광이다. 그 복된 주일에 유난히 기쁨이 가득했던 얼굴들이 지금도 눈에 선하다.

나는 그 가정의 딸들이 성장하는 과정을 지켜 봤다. 성품들은 부모에게 잘 물려받아 모두 정이 많고 착하다. 그중 둘째 딸이 특히 공부도 잘하고 똑똑하고 좀 튄다. 만나기만 하면 그 딸에게 왜 교회 안 나가냐고 추궁했더니 어느 순간 멀리서부터 나를 보면 슬슬 피하기 시작했다. 그런 딸이 포항공대로 진학한 후 친구 따라 교회에 갔다가 한동대학교 학생인 신실한 믿음의 청년을 만나 결혼을 하고 유학 가서 장학금을 받으며 생물학 박사학위를 받기 위해 공부하고 있다.

그후 내가 아프리카 모잠비크로 선교 갈 때 그 둘째 딸은 두 번이나 동행해 놀라운 은혜를 함께 경험했다. 하나님께서 직장을 주시면 방학 때마다 아프리카에 가서 봉사하고 싶다고 고백할 정도이다. 역시, 다락방에서 기도로 키운 아이들은 다른 것 같다.

다만, 그 집 바깥어른인 박선생님은 여전히 믿지 않는다. 이제 사위까지 신앙이 깊어 술 한 잔 같이 나눌 놈 없다고 한탄하곤 한다. 우리 부부와 가끔 식사를 나누며 교제하곤 하는데, 은행 고위 간부직에 있으면서도 아주 청렴결백하고 반듯하며 인정도 많으신 분인데 식구 중 혼자 신앙을 갖지 않고 있어 가정에서는, 일종의 왕따를 당하고 있었다.

그 집 노어머니께서 투병생활을 하고 계셨다. 다락방 모임이 있던 어느 날, 박선생님은 노어머니께서 위중하신 것을 느꼈는지 출근하면서 다락방 모임 장소를 물었다고 한다. 마침 그 집 차례라고 하자 다락방 순원들에게 식사를 제대로 대접하라고 식사비를 놓고 나갔다고 한다. 나는 그 가정에 갈 때마다 늘 그 노어머니를 먼저 찾아뵙고 보청기를 끼워 드리고 간절히 기도한 후 다락방 예배를 드린다. 기도는 해 드려도 전혀 말씀을 못하시니 구원의 확신 유무를 확인할 길 없어 답답했지만 믿음을 갖고 자주 기도를 해드렸다.

다락방 예배를 마치고 돌아와 저녁나절쯤 전화가 울렸다. 그 집이었다.

"어머님이 위독하세요. 순장님, 빨리 와주실 수 있으세요?"

"알았어요."

전화를 끊고 담당 교역자에게 전화를 걸었다. 통화가 안 되었다. 가슴이 떨렸다. 환자들 기도는 많이 했는데 죽어 가는 사람 기도는 한번도 해본 적이 없었다. 가슴이 콩닥콩닥 떨렸지만, 빠른 걸음으로 그 집을 다시 방문했다. 대문에 들어서니 딸과 사위들이 모두 모여 '엄마 엄마' 부르며 울부짖고 있었다.

성령께서 내게 침착함을 주셨다. 나는 늘 하던 대로 보청기를 찾았고, 그분의 가슴을 쓸어 드렸다.

"어머님, 아무 걱정 마세요. 지금 우리 예수님이 고통도 질

병도 죽음도 없는 곳에서 어머님을 영접하시려 두 손을 벌리고 계세요. 평안히 가세요."

이 말이 끝나자마자 어머니께서 갑자기 눈을 뜨시고는 '꺼억' 소리를 지르셨다. 얼굴은 조용하고 평안해 보였다. 더 가까이 가서 얼굴을 대어 보니 아직 숨을 쉬셨다. 나는 다시 간절히 영혼을 부탁하는 기도를 드렸고, 그 소리를 들으며 어머님은 천국으로 가셨다. 너무 평안한 얼굴이셨다. 이마에 뽀뽀를 해드리며 "어머님, 굿바이"라고 말했다.

그동안 노어머니를 위해 기도를 해드렸지만, 구원의 확신이 있는지 없는지 몰라 돌아가시면 천국 가실지 안 가실지 확신하지 못했다. 그런데 성령께서 그분의 임종 때 나를 불러 스스로 확인할 수 있도록 하셨다. 갑자기 눈을 뜨시고는 '꺼억' 소리 지르셨을 때가 그분의 마지막 인사였음이 분명했다.

어머니가 돌아가시자 믿지 않는 딸들은 '아이고 아이고' 곡을 하기 시작했다. 박선생님이 동생들에게 울지 말라고 나무라듯이 말했다. 나는 담대하고 자신 있게 말했다.

"어머님 천국 가셨어요. 기독교장으로 하셔야죠?"

"그러시죠."

할렐루야! 이전부터 자매는 어머님이 돌아가시면 시골 전통식대로 장례를 치러야 할 거라고 걱정하곤 했는데, 남편

분이 기독교장을 허락하시다니….

곧바로 장례부 집사님께 전화를 드려 부고를 알리고는 가장 나이스하게 장례 준비를 해 달라고 요청했다. 담당 집사님은 웃으시며 "나이스한 장례식은 어떤 거예요?"라고 했다. 관계 있는 목사님을 다 모시고 장로님, 교구 순장들, 순원들에게 다 참석을 요청했다. 나는 다음날에 있을 시아버님 생신도 연기하고 시댁 모든 식구들에게 알렸다. 기분이 언짢으셨겠지만 이 가정의 장례식엔 내가 꼭 있어야 했다.

장례식장에서 나는 녹음기를 갖다 놓고 찬송 테이프를 은은하게 틀어놨다. 교회에서 하얀 화환이 왔다. 난 입구에서 문상객들에게 국화꽃 한 송이씩 들려 드렸다. 찾아오는 문상객들마다 이 집 식구들에게 "예수 믿었니?"라고 물었다. 한쪽에서 화투판을 벌이던 바깥어른의 지인들은 교회에서 많은 사람들이 와서 예배를 드리자 화투판을 접었다.

딸과 시누이들이 많아 장례식장에서 나까지 굳이 봉사하지 않아도 되었다. 이 기회를 살려 나는 내가 해야 할 일에 충실했다. 믿지 않는 친척 식구들 한 사람 한 사람에게 복음을 전했다. 아마 그날이 하루 동안 복음을 가장 많이 전했던 날일 것이다.

장례식이 주일이라 나는 일찍 발인예배만 드리고 장지까지는 가지 못했다. 나머지 절차는 하나님께서 다 처리하셨다.

장례를 마치고 장지에서 제사상을 차려 놓고 제사를 지내려 준비하자 갑자기 장대 소낙비가 쏟아졌다고 한다. 아마도 하나님께서 쓸데없는 짓 그만두고 어서 돌아가라고 흩으셨던 것 같았다. 준비한 그분들에게는 좀 미안했지만 난 그 소식을 듣고는 마음이 통쾌해졌다. 구체적으로 간섭하신 하나님께 감사드렸다.

"주 예수를 믿으라 그리하면 너와 네 집이 구원을 받으리라"(행 16:31). 이 말씀대로 이 자매의 가정이, 그리고 우리 가정이 줄줄이 구원받는 과정을 보면서 가족 구원을 위해 애쓰며 핍박 받는 분들에게, 또 믿음이 잘 자라지 않는 자녀들 때문에 근심하는 분들에게 위로의 마음을 전한다.

"염려하지 마세요. 한 가정에 기도하는 한 사람이면 충분합니다. 하나님은 충분히 그 한 사람의 기도로 구원을 이루실 수 있는 분이세요."

식구들 구원을 걱정하기보다, 나 한 사람이 '죽은 자도 살리시는 하나님'을 신뢰하며 인내하며 기도하는 것이 더 중요하다.

위기가 바로 기회다

어느 날 외국어 교육에 관한 세미나에서 한 자매를 만났다. 나와 같은 외국어 교육 계통에 종사하고 있는 학원장이었다.

세미나가 끝나고 같은 방향으로 가는 전철을 타고 가다가 구의역에서 내리면서 나에게 커피 한 잔 마시고 가자고 했다. 쾌히 응했다. 난 속셈이 있었다. 이야기를 나누기 좋은 편안한 찻집으로 들어갔다.

이런저런 이야기를 나누다 자연스레 종교 배경을 알아냈다. 지금은 교회에 나가지 않지만 고교시절 아주 절친한 친구가 성경을 선물했다고 했다. 그 친구는 지금 목사 사모가 되셨고 지금도 자기에게 예수 믿으라고 권한다고 했다.

내심 '잘 익은 감이 쟁반에 놓였네'라는 생각이 들어 예수님 때문에 180도 바뀐 내 인생 이야기를 간증했다. 하나님이 누구신지, 예수님이 누구신지, 왜 그분을 믿어야 되는지도 자세히 설명했다. 그 자매는 내 이야기를 스펀지처럼 잘 흡수했고 복음을 잘 듣고 나서 결신기도까지 따라했다.

자연스레 다락방 이야기를 하고 그다음 주부터 바로 다락방에 나왔다. 이 자매는 다락방 교재를 철저히 예습하여 참석한 지 3개월쯤에는 연륜 있는 집사들에게 도전을 줄 정도로 성장했다. 우리 다락방에서는 그 자매가 똑똑해서 '똑순이'라고 불렀다. 성구 암송도 척척 잘하는 등 신앙이 성장해 갔다. 우리가 복음으로 준비만 되면 주님은 잘 익은 과일도 준비해 놓으신다.

그런데 3개월쯤 지나던 어느 날 그 자매는 다락방에 더 이상 참석하지 못하겠다고 통보했다. 이유를 물으니 영어 강사로 학교에 출근해야 하고 모 대학의 대학원 과정도 들어갈 예정이란다. 학원도 경영해야 하니 타당한 사유이긴 했다.

그러나 순장인 내 눈에는, 젊은 자매가 의욕도 많고 하고 싶은 일도 많긴 한데 남편 직장문제를 비롯해 일이 원하는 대로 잘 풀리지 않는 것 같아 보였다. 이제 신앙생활을 시작하는 터라 하나님께서도 하나님 안에서 모든 일이 순리적으로 잘 풀리기를 원하실 텐데…. 그런데 젊고 똑소리 나는 자매가 스스로 결단한 일을 순장이 훈계한다고 번복할 리 없었다.

그로부터 몇 개월이 지난 후 일과를 마치고 늦게 집에 들어왔는데 밤 11시쯤 전화가 왔다. 그 자매였다.

"내일부터 다락방 나갈게요."

너무 반가웠다.

"알았어. 내일 우리집으로 와요."

몇 달만에 다락방을 다시 찾은 그녀는 그간의 사연을 죽 이야기했다. 몇 개월 사이 사건도 많았다.

그동안 학원을 정리하고 남편과 함께 식당을 경영할 계획을 세웠는데, 그만 사기를 당해 돈을 홀딱 뜯기고 조그만 월세방을 빌려 살고 있다는 딱한 사정이었다. 그야말로 '천부여 의지 없어서 손 들고 옵니다' 하는 심정으로 다락방에 나온 것이다. 그녀는 구구절절 하나님 말씀에 은혜 받고 눈물을 흘렸다.

그즈음 젊은 부부가 먹고살 방법을 찾다가 구운 계란 사업을 제안받아 그 일을 시작하게 되었다. 기본 자금이 없어서 돈을 이리저리 돌려 마련하여 시작하게 되었다. 숯을 발라 구운 계란을 판매하는 일이라 일손이 많이 필요했다. 중국 아줌마들을 직원으로 두고 이 자매도 함께 일하게 되었지만 그래도 다락방 예배만큼은 나오겠다고 했다. 그런데 두어 주쯤 나오더니 일하는 도중에 도저히 못 나오겠다는 통보를 했다. 이번에는 내가 그냥 포기할 수 없었다.

"내 그럴 것 같더라. 내가 가서 예배 드리는 편이 좀 낫겠어요. 예배 시간 한 시간만 비워 놔요. 중국 아줌마들 전도도 할 겸 1주일에 한 번 가능하겠지?"

오전 다락방을 마치고 오후에 나 혼자 공장으로 갔다. 그 자매, 중국 아줌마들 둘과 함께 네 명이 다락방 예배를 드렸다. 다음 주에도 또 갔다. 그런데 일하다가 장갑을 빼는 자매의 표정이 매우 못마땅해 보였다. 나도 예배를 마친 후 "이런 분위기론 나도 도저히 못 오겠다"고 통보했다.

얼마쯤 지나 이 자매에게서 또 전화가 왔다. 식당에서 만나 점심을 함께하며 자매의 이야기를 들었다. 아들을 업고 나왔다. 남편이 구치소에 들어가 있다고 했다.

사연은 이러했다. 계란 사업이 처음이었던 남편이 온도 조절에 실패하여 몇 만 개의 계란이 상품가치를 잃었다고 한다. 화가 난 남편이 술을 한잔 마시고 골목을 거닐다 지하방에 사는 어떤 여자가 문을 열어 놓고 옷을 갈아 입는 모습을 보았나 보다. 마침 그때 귀가하던 지하방 남편이 그 장면을 목격하고 당장 멱살을 잡고 시비가 붙었다. '봤네 안 봤네' 실랑이를 벌이다 순원 남편이 먼저 상대를 한 방 쳤다고 한다. 그래서 유치장 신세를 지고 있는 상태였다.

그런데 유치장에서 한달을 지내며 이 남편이 한 일은 성경 통독이었다. 알고 보니 그 남편은 교회에서 고등부 회장까지 맡은 경력이 있었다. 그후로는 결코 하나님을 떠나지 않고 주일도 철저히 지키고 다락방에도 꼬박꼬박 나왔다. 지금은 두 분이 모두 순장으로 섬기고 아내는 교구장으로 봉사하고 있다. 남편은 안수집사가 되어 탄탄한 기업의 중역으로 일하고 있으며, 아내는 학원을 열심히 경영하고 있다. 얼마 전에는 40대 후반의 나이에 늦둥이 딸을 얻어 싱글벙글 웃음을 참지 못하고 다닌다.

이외에도 다락방에서 하나님이 함께하신 은혜로운 스토리는 무궁무진하지만, 한정된 지면에 일일이 기록하지 못했다. 그러니 하나님의 아들이신 예수님의 행적은 얼마나 많았을까? 예수님을 처음부터 따라다니며 그분의 사역을 목격한 사도 요한의 고백을 가히 상상해 본다.

"예수께서 행하신 일이 이 외에도 많으니 만일 낱낱이 기록한다면 이 세상이라도 이 기록된 책을 두기에 부족할 줄 아노라"(요 21:25).

3. 복음은 스스로 움직인다

우리는 단 한 번이라도 완전한 복음을
그들에게 들려주어야 하는 사명이 있다.
일단 들려만 주면,
살아 있고 활력 있는 복음이 스스로 꽃을 틔우고 꽃을 피우고
열매를 맺는다는 사실을 확실히 믿는다.

90년대 말, 옥한흠 목사님께서 교회 주변 지역에 효율적으로 복음을 전하기 위해 서초전도단을 만들었다고 광고하셨다. 그때 나는 속으로 이런 생각을 했다. '왜 교회 주변만 전도단이 필요한가?' 나는 광진구전도단을 만들어야겠다고 마음을 먹었다.

그 당시 광진구는 3교구로 나뉘었고 순장들은 스무 명 정도였다. 세 명의 교구장과 자원하는 순장들이 이 지역의 다락방 배가를 위해 특별히 매주 모여 기도회를 하고 있었다. 이 지역에는 영적으로 교회 부흥을 방해하는 요소들이 가득했다. 이단인 대순진리회 본당이 중곡동 용마산 자락에 군림하고 있고, 통일교 재단의 경복초교, 선화예술중고교, 리틀엔젤스문화회관(현, 유니버설 아트센터)이 위치해 있다. 아차산에는 영화사와 대성사 두 절이 있고, 아차산 긴 고랑에는 무당골이라는 계곡이 있고, 건대 주변과 화양리는 우범지역이었다.

당시 교구장이었던 나는 순장들을 모아 취지를 설명하고 기동 타격대로서 기도모임을 아주 뜨겁게 이끌고 있었다. 나는 우리가 기도만 할 것이 아니라 전도를 하자고 제의했고, 모임 이름도 '아차산 아낙네들의 모임'이라고 정했다.

매주 금요일 오전에 다락방을 마치고 오후에 워커힐에 위치한 순장님 집에서 모이기로 했다. 처음엔 대여섯 명이 모였다. 그런데 몇 주 지나자 교회에 목요 기도모임이 생겨 그쪽으로 모임이 흡수되면서 이 모임은 자연 해체되었다.

나는 이 모임이 해체되어 매우 아쉬웠다. 그래서 집 근처 개척 교회를 도와야겠다는 생각으로 동네 작은 교회의 전도 사역을 돕게 되었다. 내가 이렇게 다른 교회를 섬길 수 있었던 것은 전도에 대한 특별한 은혜가 있었기에 가능했다.

우리 교회에서 실시하는 전도폭발훈련은, 각종 훈련을 좋아하는 나에게는 특별히 아주 은혜로웠다. 당시에 이 훈련은 16주 코스였는데, 나는 워낙 은혜를 받아 첫 훈련 이후 여덟 차례나 훈련자로 섬겼다. 전도를 생활화하고 싶은데 일 욕심도 많아 늘 복음을 전한다는 것이 쉽지 않았다. 그래서 1주일에 한 번씩 훈련 있는 날을 전도하는 날로 정해 놓은 것이다. 전폭훈련은 두 명의 훈련생을 훈련시키며 오후에는 반드시 대상자를 찾아가 현장실습을 해야 하기 때문에 훈련생도 키우고 전도도 하면서 전도를 생활화할 수 있는 더없이 좋은 기회였다.

그 무렵에 한 중국 선교단체에서 전도훈련 의뢰를 받았다. 우리나라에 근로자로 온 형제자매 열두 명이 아직 직장을 구하지 못하고 단체 숙소에서 대기하고 있는 중이었는데, 이 기간에 그들에게 전도훈련을 시켜 달라고 부탁받은 것이다.

장로님 한 분과 집사님 한 분 그리고 나 셋이서 전폭 교재로 과별로 나누어 강의를 했다. 그들의 태도가 매우 진지했고 성령이 함께하셔서 나도 열강을 했다. 이 일을 계기로 나는 복음 강의에 매력을 느꼈고 자신감이 생겼다.

내가 순장으로서 다락방을 배가시킨 일, 믿지 않던 집안을 구원한 것을 비롯해 내가 맺은 전도의 열매를 보고 몇몇 교회에서도 나를 전도 강사로 초청하는 일이 이어졌다. 강의에 대한 반응이 좋았다. 나 또한 강의를 하면서 나에게 가르치는 은사가 있음을 발견했다. 그런데 문제가 있었다. 전폭훈련은 교회를 담당하고 계시는 목사님만 하게 되어 있었고 평신도인 나는 교재조차 구입할 수 없었다.

요한복음 3장 16절에서 아이디어를 얻다

훈련을 요청하는 교회가 늘어나면서 교재 때문에 고민이 되었다. 내 안에 있는 복음을 좀 더 쉬우면서도 명료하고 효과적으로 표현하고 싶어 기도하고 있던 차에, 성령께서 한 미국인 선교사님의 말씀을 생각나게 하셨다. 일전에 나는 다언어 공동체인 언어교류연구소와 함께하는 한국 다언어 가족 활동에 연구원으로 사역한 적이 있었다. 그 미국인 선교사는 그 단체에서 일본을 방문했을 때 만난 분이었다. 그분은 요한복음 3장 16절 말씀을 붙들고 자신의 신앙을 간증했다. 하나님이 자기를 너무나 사랑하셔서 독생자를 보내주셨고, 그 예수님을 믿어 영생을 얻었다는 내용이었다.

나는 '아, 이거구나!' 싶었다.

요한복음 3장 16절을 계속 읊조리던 중에 성령께서 영감을 주셔서, 아이디어가 퍼뜩 떠올랐다. A4용지와 볼펜을 꺼내어 떠오르는 아이디어를 섹션별로 나누어 원을 그렸다. 말씀을 따라 "하나님이"에서 하나님을 설명할 그림을 그리기 위해 왼쪽 상단에 큰 원을 그려 넣었다. "세상을"이라 쓰고, 하나님이 창조하신 세상을 설명하기 위해 오른쪽 상단에 큰 원을 그리고, 창조된 세상을 설명할 때 인간도 그려 넣어 죄의 경로를 설명하기로 했다. "무척 사랑하셔서"(이처럼 사랑하사)에서 하나님의 사랑을 설명할 그림과, "하나밖에 없는 외아들마저 보내주셨으니"(독생자를 주셨으니)에서 독생자 예수 그리스도를 설명할 그림을 그릴 원을 오른쪽 하단에 그렸다. "누구든지 그를 믿기만 하면"에서 믿음으로 구원 얻음을 설명하기 위한 공간을 마련하고, "멸망하지 않고"에서 '멸망'을 설명하기 위해 영원한 지옥형벌을 나타낼 그림을 그릴 원을 왼쪽 하단에 그렸다. "영생을 얻으리로다"에서 부활과 천국을 설명하기 위해 그 옆에 원을 그렸다.

이렇게 그리고 나자 나는 뛸 듯이 기뻤다. 요한복음 3장 16

절 안에 복음 설명을 위한 개요가 완벽하게 다 들어 있었다.

마침 이웃에 유명한 삽화가 한 분이 계셨다. 평소 친분이 있던 터라 찾아가 취지를 설명하고 삽화를 부탁드렸다. 그분이 완성하신 그림을 받고 인쇄를 하니 드디어 예쁜 그림 전도법이 나왔다.

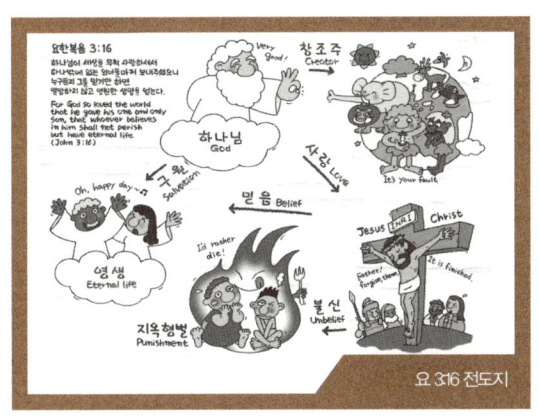

요 3:16 전도지

이 그림을 만든 것은, 교재에 대한 부담 없이 맘 놓고 사용하기 위해서다. 그런데 그때부터 오늘까지 이 전도법이 그토록 능력 있게 사용될 줄은 몰랐다. 이 조그만 그림 한 장이 국내외의 수없이 많은 어둠의 영혼들을 빛으로 이끌어내는 생명력 있는 도구로 사용된 것이다. 나는 이런 일이 일어날 것이라고 생각하지 못했는데, 우리 하나님은 미리 알고 계셔서 이 전도법을 만들게 하셨고 사용하게 해주셨다.

전도현장에 있을 때마다 나는 진정한 복음의 힘과 능력을 경험하게 되었다. 사랑의교회 사랑의전도단이 이 전도법으로 더욱 힘 있게 세워졌다. 이 전도법으로 10주 과정의 전도훈련 과정도 세워졌고, 이 훈련 과정은 이후 예사랑전도학교로 발전하여 수많은 전도자를 배출해 내었다. 훗날 내가 선교사로 파송받은 후에도 이 전도법 덕분에 전 세계를 누비며 복음을 전하는 자로 쓰임받을 수 있었다.

특별한 만남, 생명의 복음

"권사님, 제게 좀 와주시겠어요…?"

평소 내가 해외사역을 나갈 때면 눈물로 기도해 주시는 양집사님께서 기운이 하나도 없이 흐느끼는 목소리로 내게 전화를 걸어 왔다. 양집사님의 아들 희준 군은 한국에서 중학교를 졸업하고 미국으로 유학 가서 고등학교 과정을 공부하고 있었다. 그런데 학기 중에 운동장에서 체육을 하다가 몇 번인가 쓰러지곤 해서 여름방학에 한국으로 들어와 검진을 받았다고 한다. 그런데 뇌종양 말기로 2개월밖에 살지 못한다는 결과가 나왔다. 청천벽력과도 같은 상황이었다.

'오 주님! 하나님 앞에서 늘 눈물로 기도하는 양집사님에

게 어찌 이런 일이….'

나는 곧 방문하겠다고 약속하고 전화를 끊었다.

하나밖에 없는 17세 외아들의 암 진단 소식에 망연자실해 있는 양집사님을 어떻게 위로하며 무슨 기도를 해야 할지 막막하고 떨렸다. 내게 무슨 신유의 은사가 두드러지게 나타나는 것도 아니고….

하나님께 여쭈었다.

"제가 가서 무슨 기도를 어떻게 할까요?"

"말씀이 있잖니? 말씀으로 양육을 시켜라."

하나님은 우리가 그분이 누구신지, 예수님이 어떤 분이신지 스스로 확신하고 고백하기를 원하셨다. 나는 조그마한 통독용 성경책을 들고 죽전까지 갔다. 처음이라 지하철과 버스를 몇 번씩 갈아타고 두 시간 정도 걸려 도착했다. 희준 군이 내 아들 같아 마음에서 긍휼함이 솟구쳤다. 함께 찬양을 드리고 요한복음 3장 16절 말씀으로 창조주 하나님과 예수님부터 차근차근 진지하게 설명했다. 물론 희준 군이 어려서부터 들은 복음이지만 머리로 알고 있는 것과 가슴으로 깨닫는 것은 엄청난 차이가 있는 것을 느꼈다. 특히 믿는 자가 기적을 본다는 것을 우리 모두 추호도 의심하지 말자고 다짐했다.

간절한 믿음의 기도를 마치고 내가 애용하던 통독용 성경책을 희준 군에게 주었다.

"사복음서에 예수님이 행하신 기사와 이적, 표적들을 노란 형광펜으로 밑줄을 그으며 묵상해."

예수님이 어떤 사람에게 어떤 방법으로 다가가시고, 어떤 방법으로 고치시고 기적을 행하셨는지, 그리고 그 예수님이 지금 희준 군에게 어떤 믿음을 요구하시는지 깨닫게 하기 위함이었다. 청소년인 희준 군에게는 좀 무리한 양육이었지만 달리 어떤 방법이 없었다.

희준 군의 양육은 한 번의 방문으로 그칠 일이 아니었다. 일단 매주 수요일에 오겠다고 약속했다. 병원에서는 수술 제의를 했지만 양집사님은 수술하지 않기로 결단하고 하나님께만 매달려 떼쓰기로 비장한 각오를 다지고 있었다. 하나님도 감동하셔서 매주 기도회는 뜨거워졌고 다른 권사님, 집사님들을 붙여 주셔서 함께 기도하게 하셨다. 먼 거리는 문제가 되지 않았다.

1년쯤 지나 9월에 양집사님은 아들을 미국으로 보내 학업을 계속하게 할 결심을 하셨다. 함께 기도하던 우리는 익숙하지 않은 언어로 계속해서 공부하는 것이 아들에게 굉장한 스트레스일 거라고 염려했다. 하지만 일단 아이의 부모가 결정한 일이라 말릴 수도 없었다. 아이를 보내 놓고도 우리의 믿음의 기도는 계속되었다. 그리고 기도를 하면서 그런 아들을 보낸 부모의 믿음에 감탄했다. 맞다! 바로 그게 믿음 있는 행동이었다.

하나님께서는 우리 기도에 멋지게 응답하셨고, 희준 군은 고등학교 과정을 마치고 들어와 신학대학교에서 공부를 마쳤다. 지금은 장애인들을 돌보는 사역을 하고 있다. 한 영혼의 치유를 위하여 거의 2년 동안 한 주도 빠짐없이 그 먼 거리를 마다하지 않은 우리의 순종을 하나님이 기쁘게 보신 것이 틀림없다.

13억 인구를 향해 파송받은 선교사

교회 특별새벽기도 기간, 기도회를 마치고 천천히 나오는데 교회 현관에 있는 서가에서 소책자를 뒤적거리는 아주머니가 눈에 띄었다. 직감적으로 교회에 처음 나온 분 같아 살며시 다가갔다.

"저희 교회에 처음 오셨나 봐요."

"네, 중국에서 나와서 교회 앞 음식점에서 일해요. 교회를 다니고 싶은데 무슨 책으로 공부해야 되는지 알고 싶어서요."

공부? 내 귀가 번쩍 열렸다. 중국에서 오신 조선족 아주머니가 신앙에 대한 공부를 하고 싶다는데, 양육 전문인 내가 가만히 보고 있을 수 없었다.

"제가 도와드릴게요."

나는 쉽게 제의를 했는데 시간이 문제였다. 그분도 교회 앞에 있는 식당에서 하루 종일 일해야 했다. 나도 학원 강의하랴, 다락방 인도하랴, 가정 일도 틈틈이 챙기랴, 일대일 양육하랴…. 별도로 시간을 낼 틈이 없었다. 안타까운 마음으로 그분을 바라보는데 '신앙도 없는 사람이 새벽기도를 나온 것을 보니 대단하다'라는 생각이 들었다. 그래서 결단을 했다.

"새벽기도 나오는 김에 지금보다 30분 더 일찍 나올 수 있겠어요?"

"네, 나올 수 있어요."

내친김에 특별새벽기도를 계속한다 생각하며 새벽 4시 30분에 그분과 만나기로 약속을 했다. 난 집이 꽤 멀어서 새벽 3시부터 일어나 준비를 해야 했다. 그때는 운전도 서툴러 대문에서 차 빼고 넣기가 힘들어 남편을 깨워 차를 빼 달라고 부탁해야 했다. 지금 생각하면 두 달간이나 새벽 단잠을 깨워 무리한 부탁을 한 것이 많이 미안하다. 당시 한 영혼에 대한 열정으로 제정신이 아니었던 것 같다.

우리는 새벽 4시 30분에 만나 종탑 기도실로 갔다. 요한복음 1장부터 읽으며 하나님이 누구시며, 예수님이 누구시며 왜 인간의 모습으로 오셨는지, 또 성령님은 누구신지 차근차근 설명했다. 요한복음부터 시작한 이유는 예수님 족보부터 나오는 마태복음보다 양육하기가 좋아서였다. 말씀을 가르치고 난 후 간절히 기도하고 새벽예배 시간에 맞추어 본당으로 들어오곤 했다. 성령께서도 새벽 그 열정에 감동하셔서 우리를 도우셨다.

그분은 말씀을 열심히 잘 받아들이고 기도도 잘했다. 양육한 지 채 1주일도 안 되었는데 십일조를 하겠다고 나섰다. 동전 한 닢도 아끼는 중국 사람이, 또 돈을 벌기 위해 중국에 가족들을 다 두고 온 사람이 십일조라니…. 나는 '성령의 감동인 것 같다'며 그분의 결정에 적극적인 지지를 보냈다.

"봉급을 탔는데, 더 많이 탔어요. 십일조를 해서 그런가 봐요."

그다음 달에 그분이 기쁨을 감추지 못하며 간증하는 걸 듣고 나 역시 너무 흐뭇했다. 추운 겨울, 때로는 눈발이 날리는 새벽에 매일같이 서툰 운전으로 올림픽대로를 달리며, 내가 꼭 이렇게까지 유난을 떨어야 하나 하는 생각도 들었다. 게다가 가까운 집사님들, 목사님까지도 나를 좀 부담스러워 하는 눈치였다. 운전을 하며 하나님께 물었다.

"하나님도 제가 좀 심한 것 같으세요? 너무 번잡을 떠는 거 같으세요?"

"아니다. 너는 선교를 꿈꾸며 선교사가 되고 싶은데, 종가 맏며느리의 짐이 있어서 못 나가고 있잖니. 중국 13억 인구의 복음화를 위해 매 주일마다 선교부 모임에서 기도하고 있잖니. 네가 열심히 섬기는 그 자매가 중국에 돌아가 수많은 중국인들에게 얼마나 큰 영향력을 끼치는 사람이 될지 상상이나 해봤니? 너는 중국 13억 인구에 파송받은 선교사야. 심한 거 아니야. 힘내!"

하나님의 격려의 메시지가 들렸다.

"야호! 하나님 알겠습니다."

나는 그분을 두 달 동안 양육하며 요한복음을 마쳤다. 양육 중에 국제전화로 중국 본토와 연결하여 중국에 계신 어머니와 자녀 네 명을 전도해 교회에 나가게 했다. 남편도 취업해 한국으로 왔다. 그 뒤 그분은 직장을 일산 쪽으로 옮겨 그곳에서 집사 직분도 받고 신학도 공부했다. 지금은 중국 어디에선가 사역하고 있을 텐데 하나님이 언젠가는 만나게 하시리라 꿈꾸어 본다.

"전도는 교회에 수혈하는 것"

하나님의 사람들이 누군가를 만날 때는 그 속에 하나님의 뜻과 계획하심이 있다. 그래서 나는 작은 만남이나 사건도 예사로 여기지 않는다.

1999년 가을, 안성수양관에서 열리는 세미나에 참석하기 위해 교회 버스를 탔다. 옆자리에는 신집사님이 앉아 있었는데 우리의 대화는 자연스레 전도와 선교 활동으로 연결되었다. 이런저런 이야기를 하다가 신집사님이 서초전도단 소식을 나에게 들려주었다. 당시 나는 '요 3:16 전도법'으로 외부 사역을 하고 있었는데, 전도훈련에 대한 기초 지식이 부족한 사람들을 대상으로 힘써 훈련을 해도 훈련 효과가 썩 나타나질 않아서 지쳐 있을 때였다.

때마침 전도훈련을 받은 교회 순장들이 전도를 두려워하고 있는 모습을 봤던 터라 그들에게 도전을 주어 전도의 열정을 일으켰으면 하고 기도를 해오던 중이었다. 한달 정도 기도하고 있던 중에 수양관으로 가는 버스 안에서 우연히 신집사님과 이야기를 나누게 된 것이다. 신집사님에게 내 기도제목을 말씀드렸더니, 신집사님은 서초전도단에 한번 와보라고 간곡하게 부탁해 왔다.

그다음 주에 나는 서초전도단을 방문했다. 당시 서초전도단은 기도모임 분위기였고, 전도현장으로 나가는 데에 여전히 용기를 내지 못하고 두려워하는 듯 보였다. 감사하게도 나에게 간증할 시간을 주셨다. 나는 그동안 하나님께서 현장에서 하신 일들을 이야기했고 많은 분들이 도전을 받으셨다.

내 이야기에 관심을 가진 대여섯 분들이 모여 그들과 함께 전도단의 사역 방향을 놓고 종탑 기도실에서 뜨겁게 기도했다. 이런 기도는 응답도 즉각 이루어졌다. 기도실 문을 열고 나오는데 교회 마당에서 옥목사님이 우리를 올려다보시고 물으시는 것이 아닌가….

"무슨 기도를 그리들 열심히 하고 있나요?"

기회는 이때다 싶어 즉석에서 목사님께 면회 신청을 했다. 수만 명이 다니는 교회 담임목사님과 개인 면담을 한다는 것은 좀처럼 힘든 일이었고 나 역시 꼭 면담을 요청할 필요도 못 느끼고 있었는데, 그날은 성령께서 그렇게 허락하셨는지 나에게 용기를 주셨다.

"목사님, 10분만 면회요."

사실 '10분만요'는 노방 전도 대상자들에게 으레 사용하는 접근법이다. 목사님께서는 무슨 일이냐고 물으셨다. 서초전도단 얘기를 하려고 한다고 대답했더니 서초전도단은 내년엔 '해체'라고 말씀하셨다.

"아니, 글쎄, 제 말씀 좀 들어 보시라고요."

내가 거듭 요청했더니, "내 방으로 들어와"라고 말씀하셨다. 옥목사님 방으로 가서 그동안 다락방을 배가시킨 일, 광진구전도단 사역 등 내가 이어 온 전도사역과 선교사역을 죽 말씀드렸다. 나의 사역 보고를 귀담아 들으시던 목사님께서는 "대단하다, 대단해"하며 흡족해 하셨다. 목사님의 제자가 목사님께 보고조차 들어가지 않는 사역을 하며 복음 들고

5대양 6대주를 활보하고 있으니 얼마나 대견하셨을까 하는 생각이 들었다.

"그래, 전도단은 어떻게 운영하려고?"

옥목사님의 물음에 나는 그동안 사역해 왔던 방식을 줄줄 설명했다.

"오전에 모여 큐티를 하고 기도하고 전도법 암기하고, 오후에는 현장에 나가 전도를 하지요. 그리고 그다음 주 모여 전도현장 사례를 보고한 후 성령의 도우심을 간구하며 다시 전도현장에 나가 담대하게 전도하면 됩니다."

내 얘기를 다 들으신 목사님께서 쾌히 승낙하셨다.

"전도는 교회의 수혈과 같은 거야. 내가 고문이 될 테니 잘해 봐."

그리고 그 자리에서 전도단 이름을 "사랑의전도단"이라고 지어 주셨다. 나도 그 이름을 생각하고 있었는데, 성령께서 통하게 하신 것 같았다. 10분 면회를 예상했는데, 따뜻한 녹차까지 대접받으며 1시간 이상이나 화기애애하게 대화를 나눈 행복한 시간이었다.

전도, 최고의 부가가치

이후 일들이 착착 진행되었다. 전도단 담당 목사님이 배정

되셨고 교회에서 전도단원도 모집했다. 자원한 사람은 스무 명 정도. 수만 명이 모이는 교회에 너무 적은 수라고 생각되었지만, 그래도 교회 안에서 본격적으로 전도할 수 있는 기반이 열린 게 감사해서 열심을 내어 전도단을 섬겼다. 그런데 즐겁고 신나야 할 전도가 영 부담스러운지 참석 인원도 들쑥날쑥인 데다 빠지는 인원도 늘어났다. 설상가상으로 여름방학이 다가와 교회의 모든 사역이 두 달 동안 방학을 맞게 되어 전도단도 쉬었으면 하는 분위기가 조성되었다.

나는 이를 놓고 기도하다가 '사탄들에게 방학이 있는가? 그들은 쉬지도 않고 삼킬 자를 찾아 으르렁거리고 다니는데 이제 막 창단되어 아직 자리도 잡히지 않은 전도단이 쉬는 것은 말이 안 된다'라는 생각이 들었다.

"전도단은 방학이 없어요. 계속합니다."

나는 강하게 추진했고, 대여섯 명 정도가 모였다. 이렇게 큰 교회에서 전도하려는 사람이 이 정도밖에 없는가 싶어 정말 자존심이 상했다. 모임을 인도하며 나도 흔들렸다.

'집어치워? 계속 모여?'

성령께서 내 마음에 또 말씀이 생각나게 하셨다. 열방 중에 아주 작은 나라 이스라엘을 택하신 하나님, 그분이 그 작은 나라를 선택하신 의도는 하나님의 크심을 열방에 나타내시려는 것이었다. 예수님 역시 자신을 따라다니던 수많은 사람들을 다 제치고 딱 열두 명의 제자를 선택하셨다. 일꾼 열두 명이면 세상 복음화에 충분하다고 보신 것이다.

하나님은 믿음의 조상 아브라함 한 사람만으로도 그분의 언약을 성취하시기에 부족함이 없으셨다. 성령님은 그 하나님의 능력을 깨닫게 하심으로 나를 격려하시고 큰 기도제목을 주셨다.

사랑의 전도단 팀장 수련회

"사랑의교회 어른부터 주일학교 학생에 이르기까지 4만 여 명이 전도 요원이 되게 하옵소서. 교회 주변의 강남 유흥가가 거룩한 기독 문화 공간이 되게 하소서."

사랑의전도단은 이 기도제목을 가슴에 품고 교회 주변의 땅을 밟으며 전도지를 돌렸다. 비록 소수이지만 열심이 특심인 사람들이 모였다.

어느 집사님은 길거리 호떡 장수 아주머니에게 복음을 전했다. 또 그 남편이 교통사고로 누워 있다는 사연을 듣고 사골을 끓여 그 집에 방문해 복음을 전하고, 그 남편을 휠체어에 태우고 교회까지 모시고 왔다. 난 어느 노인 대상자를 위해 청주까지 달려가 복음을 전해 예수님을 영접하게 하고 천국으로 보내 드렸다. 우리는 거리에 상관없이 대상자만 있으면 어디라도 시간을 내어 달려갔다.

성령께서는 기뻐하시며 우리를 도우셨고, 옥목사님도 설교 시간에 "전도는 최고의 부가가치가 있는 일"이라는 말씀을 전하시며 우리에게 도전을 주시고 우리를 격려하셨다. 난 그 용어가 너무 좋아 지금도 자주 쓴다. '전도, 최고의 부가가치가 있는 일.' 특히 가을 대각성전도집회를 겨냥한 목사님의 설교를 매주 들을 때마다 우리 전도단원들이 주인공인 것 같아 신이 났다.

전도단원도 늘어나기 시작했다. 매주 목요일 오전에 모여 큐티 말씀을 나누고 뜨겁게 기도하고 점심 먹고 현장에 나갔다. 한 팀이 대여섯 명이 되면 팀을 나누어야 활성화가 된다. A팀, B팀으로 나눠 두 사람씩 짝을 지어 전도하는 것이 더 좋다.

사람 만나기에는 강남역 지하 쉼터가 적격이었다. 그러다 강남역이라는 제한된 공간에 비해 전도하는 인원이 많은 것 같아 고속터미널 쪽을 개척했다. 팀장으로 세울 만한 사람

한두 명을 데리고 호남선 터미널을 아지트로 삼았다. 터미널은 워낙 전도의 황금어장이기 때문에 이미 많은 사람들이 전도지를 돌리고 갔다. 그래서 우리는 차별화를 위해 친구처럼 앉아서 반드시 복음을 차근차근 전하기로 원칙을 세웠다. 친밀하게 웃으며 복음을 전하기 때문에 경비 아저씨들도 단속하기 힘들었다.

고속터미널 호남선 대합실은 대상자를 만나기에 더할 나위 없이 좋은 공간이다. 여름에는 대리석 의자가 시원해서 더위를 식히러 온 사람도 많고 약속 때문에 나와 앉아 있는 사람도 많다. 지방으로 가는 버스가 자주 있어 복음을 들은 사람들이 차를 타면 항상 다음 대기자들이 나타난다.

그곳에는 '여호와의증인'에서 나온 할머니들도 진을 치고 앉아 있다. 한번은 복음을 전하고 있는데 여호와의증인 할머니가 자꾸 말을 걸며 방해를 했다. 나는 젊은 자매에게 복음을 전하다가 잠시 중단하고 할머니에게 말했다.

"할머니, 잠깐만요. 제가 이 자매와 이야기 중이거든요. 끝나고 얘기해요."

젊은 자매에게 복음을 다 전하고 할머니와 붙었다.

할머니는 나에게 급하게 말씀하셨다. "댁은 예수가 하나님이라고 믿으슈?"

나는 할머니와 말을 주고받을 상황이 아님을 알아차렸다.

"할머니, 여호와의증인은 스스로 계신 분인 하나님을 증거하는 자들인 줄 알고 있는데, 성경 신구약에서 온통 예수님이 하나님이심을 증거하고 있잖아요. 아니, 예수가 하나님인 것도 모르시는 분하고 무슨 얘기를 해요." 나는 그 할머니의 말에 대꾸하지 않고 자리를 옮겨 버렸다.

여호와의증인뿐 아니라 이단들과는 옥신각신하며 시간과 에너지를 소진할 필요가 없다. 그들이 아니어도 복음을 들을 사람들은 무궁무진하기 때문이다. 여호와의증인 할머니들은 대개는 소책자만 나눠 주어도 자신이 할 일을 했다고 위로받는다. 우리가 어깨띠를 두르고 행진하며 주보나 전도지를 주는 행위만으로 전도했다고 만족하는 경우와 꼭 같다.

그러나 우리 전도단은 얼굴을 마주보며 영생의 복음을 전한다. 할 수 있는 한, 우리는 단 한 번이라도 완전한 복음을 그들에게 들려주어야 할 사명이 있다. 일단 들려만 주면, 살아 있고 활력 있는 복음이 스스로 싹을 틔우고 꽃을 피우고 열매를 맺는다는 사실을 확실히 믿는다. 나 자신의 어린 시절의 경우만 보아도 추호도 의심의 여지가 없다.

노숙자들에게 복음을 전하다

한번은 고속터미널에서 30대 초반의 노숙자 청년을 만나 복음을 전했다. 내 아들 또래 같아 더 측은해 보였다. 밥을 사주며 주일에 교회에서 만날 약속을 했다. 반신반의했는데 주일에 그 청년이 교회에 왔다. 약속을 지킨 것이 기특했다. 예배 후에 아는 권사님과 함께 그 청년에게 점심을 사주고 다음 주에도 교회에 잘 나오라고 교통비도 주었다.

그다음 주에 그 청년은 머리도 감고 손톱도 깎고 단정한 매무새로 교회에 와서 예배를 드렸다. 또 점심을 사주고 다른 권사님이 차비를 주어 보냈다. 몇 주 동안 이렇게 청년을 만났는데, 계속해서 식사를 제공하고 차비를 주는 것은 시간적으로도 물질적으로도 부담이 되어 중단했더니 더 이상 교회를 나오지 않았다.

몇 주 후, 고속터미널에서 그 청년을 또 만났다. 덥수룩한 머리에 때가 꼬질꼬질한 긴 손톱, 다시 예전 노숙자 모습으로 돌아가 있었다.

"화장실도 있고 물도 잘 나오는 데 왜 안 씻느냐?"라고 물으니 몰골이 불쌍해 보여야 누가 돈이라도 주거나 음식이라도 사주기 때문이란다. 신체도 건강하고 외모도 멀쩡한 젊은이가 일자리를 찾지 않고 그러고 사는 것이 안타까웠다.

노숙자들에게 복음을 전한 이후에 그들의 생활환경을 개선해 주고, 일자리까지 주선해 주는 것은 좀 부담스럽다. 우리가 그들의 독특한 생활 방식을 이해하지 못해 가끔은 위험이 따르기도 한다. 일단 복음을 들려주고 예수님을 소개하며 내가 만난 예수님을 그들도 만날 수 있도록 성령께 의탁하는 수밖에 없다.

거지 나사로가 생각이 났다. 나사로는 천국에 간 걸 보니 예수님을 믿었음이 틀림없다. 그러나 예수님을 믿었다고 그의 신분이 바뀌었다고는 성경에 기록돼 있지 않다. 예수님은 우리의 신분이 어떠한지 따지지 않으시고 외모로 판단하지도 않으시고 왜 그렇게 살았느냐고 책망하지도 않으신다. 누구든 어느 때든 어디서든 부르면 응답하시고 찾으면 만나 주시는 분이다.

한번은 어느 겨울 저녁 늦게, 집 앞에 있는 어린이대공원으로 산책 겸 운동을 하러 갔다. 신호등이 바뀌기를 기다리고 있었다. 문 닫힌 가게 건물 앞 계단 위에 온 몸을 못 쓰는 20대 초반의 장애인 청년이 누워 있었는데 그냥 지나칠 수 없어 다가갔다.

"아니, 이 추운 겨울에 왜 여기 누워 있어? 저 지하철 역사 안에 있든지 아니면 어느 보호 시설에라도 있든지 해야지?"

이 정도 날씨는 옷을 많이 입어서 별로 안 춥고 늘 익숙해서 견딜 만하다는 대답이 돌아왔다. 보호 시설에서는 얻어맞기만 하고 자유롭지도 못해 다시 나왔다고 한다. 이렇게 나와서 돈을 벌면 1주일에 나흘 밤은 여관에서 잘 수 있고 조금

씩 돈도 모을 수 있다고 했다.

"어떡하지? 난 운동 나가는 길이라 지갑을 집에 놓고 와 돈도 못 주고…. 예수 믿니?"

나의 질문에 그 청년은 그렇다고 대답했다.

"예수님도 노숙자셨어. 너의 이 처지와 형편을 가장 잘 아시는 분은 예수님밖에 없단다."

이렇게 말하고 나는 그 청년을 위해 간절히 기도하면서 그 청년을 예수님께 부탁하고 운동하러 갔다. 공원을 걷는 중에도 아들 녀석 같은 그 청년이 안타까워 나의 머릿속에서 떠나질 않고 있었다. '장애인으로 태어난 것도 억울한데, 있을 곳도 돈도 없다니.' 성령께서 계속 나를 책망하고 계셨다. "말만 잘한다. 말만 잘해!"

운동을 서둘러 끝내고 집으로 돌아가는 길에 그 청년을 찾았다. 다행히 아직도 그 자리에 있었다. 내가 입고 있던 외투를 덮어 주며 "자, 이거라도 덮고 있어라" 했더니, 한사코 사양하며 "아주머니도 추우시잖아요?" 하며 내 걱정을 했다. 밝고 착한 모습에 마음이 더 아려 왔다.

주변에서 만나는 어려운 사람들을 우리가 다 돌볼 수는 없다. 그러나 긍휼한 마음은 늘 품고 기도해야 한다. 그 청년이 오늘도 어디선가 구걸을 하고 있을지라도, 그 환경이 바뀌지 않을지라도, 맑은 그 영혼은 주님께서 꼭 품어 주시리라 믿는다. 어떤 상황에 처한 사람이든 복음은 꼭 필요하다. 내가 무능하다고 피하지 말고, 우리의 형편과 처지를 가장 잘 아시는 주님, 그리고 모든 것이 가능하신 예수님을 그들에게 꼭 소개해야 한다.

한여름에 김 매는 수고, 현장전도

고속터미널에도 전도자들이 늘어 전도 팀을 A, B, C팀까지 나누었다. 그리고 나는 한 사람을 데리고 잠실 롯데월드 분수대 팀을 따로 만들었다. 그곳 쉼터에는 의자가 여러 개 있어 남녀노소들이 누군가를 기다리기도 하고 만나기도 하고 쉬기도 했다. 그곳에는 한 팀만 있으면 충분했기에, 다른 전도자들은 석촌호수로 배치했다.

어느 지역에 팀이 세워지면 나는 늘 새로운 개척지를 물색했다. 서울대병원, 보라매병원, 중앙대병원으로 전도 장소를 넓혔다. 다른 팀에서도 계속 전도자가 늘어나 서울성모병원, 삼성의료원, 강남세브란스병원, 경찰병원, 아산병원, 보훈병원, 서울병원, 적십자병원, 21세기병원, 남부터미널, 건국대병원 등…. 성령께서 춤을 추시듯 전도현장은 뻗어 갔고 전도자들은 늘어났다. 우리 모임에 참석한 전도자들은 현장에서 역사하시는 하나님을 직접 목격하며 은혜가 충만해졌다.

그렇게 부흥하기까지 10여 년이 걸렸다.

처음에는 우리 전도단을 어떻게든 해체하려 하는 사탄의 계략들이 많았다. 사랑의전도단 초창기엔 전도자들도 늘지 않고 자연히 현장도 부흥이 더뎠다. 그러나 서서히 장년전도단이 활성되었고, 얼마 지나지 않아 청년 직장인들을 중심으로 아산병원 팀이 여나믄 명 모이게 되었다. 목요일 하루 종일 장년전도단 모임에서 현장전도를 마치고, 나와 다른 집사님 한 분은 곧장 목요일 저녁에 사역하는 아산병원 팀을 지원하러 병원 전도를 나갔다.

예수님을 모르는 사람들에게 다가가 인사를 주고받고 복음을 전하는 일은 온 정신을 집중해야 하는 일이다. 복음을 전하고 나면 정신이 맑아지고 기분은 상쾌하지만 몸은 좀 허해진다. 기운을 추슬러 아산병원을 가기 위해 성내역에 내려 강둑을 따라 걷노라면 힘들다는 생각에 발걸음이 터덜터덜 무겁기도 했다. 그때 성령께서 내 귀에 속삭이셨다.

"얘야, 농부들이 수확의 기쁨을 누리기 위해서는 이른 봄부터 밭을 고르고 씨를 뿌리고 물을 대고 고랑을 내고 뜨거운 볕에서도 풀을 뽑고 김매기를 해주며 오랜 세월을 기다려야 하지 않겠니? 어쩌면 너의 지금의 수고가 한여름에 김을 매야 하는 수고일지도 모르지…."

성령께서 주시는 따스한 위로와 격려를 받으며 아산병원에

도착한다. 직장에서 하루 종일 근무한 뒤에 복음을 전하려고 저녁 시간에 아산병원으로 달려온 젊은이들을 병원 로비에서 만나면 나의 피곤기는 싹 사라지곤 한다. 영혼을 구원하고자 하는 열정으로 뜨겁게 기도하고 둘씩 짝을 지어 층층이 병실로 들어간다.

각 병실에는 남녀노소 할 것 없이 희귀병과 불치병을 앓는 환자들이 많다. 간절히 하나님께만 의탁하는 기도를 드린 후 모든 불치병을 치료하신 예수님을 소개한다. 환자들의 소원은 대부분 병이 낫는 것이다. 얼굴색이 검고 병색이 완연한 위암 말기 환자도, 눈과 얼굴과 온몸이 노랗고 복수가 차서 배가 남산만한 간암 말기 환자도, 생명을 향한 소망은 좀처럼 버리기 힘들다. 이런 분들에게는 간곡한 기도와 함께 말씀을 인용하며 복음을 전한다. 복음의 능력을 추호도 의심치 않고, 주님께서 사복음서에 약속하신 말씀들을 의지하며, 창조주 하나님의 능력의 손이 안수하심을 믿으며 간절히 기도하면, 성령께서 그들에게 평안을 주심을 목격할 수 있다. 그 다음 주 그 병실을 다시 방문했을 때, 우리의 기도가 응답되어 그 환자들이 퇴원한 것을 확인할 때면 더없이 기쁘다.

어떤 이들은 부정적으로 반응하기도 한다. "어제도 환자가 죽었고, 오늘도 죽어 영안실로 가는 환자가 있는데 내가 무슨 수로 낫습니까?" 그런 날은 나도 기운이 빠져 집에 와서 이렇게 떼를 쓴다.

"주님, 그 사람 말이 맞잖아요? 저는 성경에 기록된 주님의 말씀, 세상은 변해도 주님 말씀은 일점일획도 변하지 않는다는 말씀을 믿어요. 복음을 전할 때 주님이 약속하신 말씀을 추호도 의심하지 않아요. 그러니 제발, 주님의 살아 계신 능력을 좀 보여주시고 저를 좀 도와주세요. 뭘 좀 보여주셔야 힘이 나잖아요…."

그럴 때면 주님은 이렇게 응답하신다.

"그 사람을 낫게 하고 또 데려가기도 하는 것은 내 일이다. 너는 계속 의심하지 말고 전하기만 해."

그러면서 주님은 내게 참 믿음이라는 것이 어떤 것인지 배워 가게 하셨고 또 내 기도에 응답하심으로 위로해 주셨다.

사랑의전도단은 계속 부흥이 되었다. 서울성모병원 청년부 팀도 활발하게 환자들을 섬기고, 서울병원 남장년부 팀도 주일 오후에 섬기고, 권사회와 예향회, 청년부 대학부 기드온 팀에도 전도의 바람이 불었다. 부목사님들이 교회를 개척하시면 전도단에서 매주 지원을 나갔고 전도 일꾼이 부족한 농어촌 등 어려운 지역에도 매달 방문하며 전도로 지원했다. 또한 해외에 나가 기도와 전도로 섬기기도 했다. 이와 같이 사랑의전도단이 활성화된 것은, 전도단을 떠나지 않고 자리를 지킨 소수의 단원들의 열정과, 담당 목회자의 열심과

지도력 덕분이었다. 계속되는 부흥으로, 매주 토요일 새벽 예배를 마치고 각 현장 팀장들이 별도의 기도모임을 가졌다. 전도단 부흥을 위한 기도제목은 A4 용지로 세 페이지를 가득 메웠으며, 전도현장이 계속 늘어나 기도제목을 자주 업데이트해 기도했다.

그들이 믿지 않는 이유

어떤 사람들은 전도현장에 나가 보지도 않고 '노방전도는 힘들다'고 말한다. 그러나 주님의 명령에 순종해 현장에 나가면 하나님은 반드시 복음을 들을 영혼들을 준비하신다. 물론 훈련은 필요하다.

노방전도나 가가호호 전도에서 복음의 야성을 키운 사람들은 관계전도가 쉬워진다. 항상 내가 전할 말이 준비되어 있기 때문에 공원이나 등산길, 병원에서든, 혹은 버스나 비행기 옆 좌석에 앉은 사람이나 이웃에 이사 온 사람에게든, 기회만 되면 복음을 전할 수 있다. 특히 가족 모임 때나 친구들과의 모임에서도 전도할 기회를 만들 수 있다.

많은 사람들이 전도를 부담스러워 하는 이유는 복음을 전하고 바로 교회까지 데려와 교인으로 만들려는 급한 생각 때문이다. 하지만 그런 부담에서 일단 자유로워지길 바란다.

우리가 할 일은 주님의 명령에 순종하여 때를 얻든지 못 얻든지 예수님이 나에게 베푸신 은혜를 전하며 그분이 누구신지를 알려주는 것이다. 그 영혼을 구원하시는 분은 바로 주님이시다.

중요한 것은 예수님 자랑하기를 즐거워하는 전도자가 되는 것이다. 일단 순종하면 기쁨과 즐거움과 보람은 절로 따라온다. 전도자에게는 신앙생활에 대한 더 이상의 욕구와 갈증이 없다. 100퍼센트 만족한 삶이다. 주님의 지상 명령을 순종할 때에 주님이 주시는 독특한 쾌감을 누릴 수 있기 때문이다.

성경에 "누구든지 주의 이름을 부르는 자는 구원을 받으리라"(롬 10:13)고 했다. 이런 말씀도 있다. "그런즉 그들이 믿지 아니하는 이를 어찌 부르리요 듣지도 못한 이를 어찌 믿으리요 전파하는 자가 없이 어찌 들으리요"(롬 10:15).

난 이 말씀이 미사여구 없이 솔직하고 확실해서 좋다. 주님의 명령을 받은 크리스천들이 나가서 복음을 전해야 주님을 알지 못하는 영혼들이 듣고 예수를 믿을 것이 아니겠는가? 그들에게 복음은 알려 주지 않고 함부로 정죄하고 판단하며 편을 가르는 것은 말도 안 되는 일이다. 그들이 믿지 않는 이유는 우리가 사랑으로 달려가 복된 소식을 알려 주지 않기 때문이다.

세상 사람들이 욕하는 대상은 하나님과 예수님이 아니다.

예수 믿는 자들이다. 크리스쳔이 되어도 천사와 같이 살 수 없음을 겸손히 인정하고 그들에게 가서 예수님을 알려 주어야 한다. 우리 한 사람 한 사람이 움직이는 하나님의 성막이 되어 그들에게 나아가 전해야 한다. 옛날 우리나라가 전쟁을 치른 후 가난했던 시절에는 사람들이 먹을 것이나 구호품들을 얻기 위해 교회로 찾아왔다. 그러나 지금은 다르다. 잔치를 벌여도 잘 오지 않는다.

교회에서 아무리 그들에게 기쁨과 유익을 주는 프로그램을 만들어도 그들은 컴퓨터나 대형 스크린 앞에서 더 유익과 만족을 얻는다고 생각한다. 따라서 지금이야말로 복음 그 자체의 능력을 믿고 의지해야 할 때이다. 지금은 복음을 약화시키는 사탄의 계략들이 교회에, 설교자들에게, 성도들에게 너무 많이 침투해 있다. 그래서 다들 복음에 대한 민감함이 무디어진 것에 아무런 문제도 느끼지 못한 채 신앙생활을 지속한다.

'예수님은 왜 기도할 때 꼭 예수님의 이름으로 구하라고 하셨을까?' 예수님께서는 모든 사람의 모든 기도에 응답할 자신이 있으셔서 그랬다고 생각한다. 예수님에게는 다른 어떤 이름, 다른 어떤 도움도 필요하지 않으셨다. 오직 '우리 주 예수 그리스도' 그 이름이면 충분하다.

왜 예수를 믿는데도 그냥 안일함과 평안함, 형통함만 구하고 만족해할까? 물속에 빠져 살려 달라고 비명을 지르는 사람들이 허다한데 우린 그저 유람선에서 풍악을 즐기는 데 정신이 팔려 아무 소리도 듣지 못하거나 혹은 애써 외면하고 있지는 않은가? 어떤 이가 말했듯이 교회는 '생명선이요 구조선'이어야 한다. 작은 구명 보트들을 타고 급히 출동해 생명이 경각에 달린 사람들을 건져 와야 한다. 그 일을 위해 하나님이 하나밖에 없는 아들을 희생시킨 것이다. 아니, 하나님 자신을 주신 것이다.

운동 경기를 할 때, 아무리 믿음직하고 능력 있는 선수라 하더라도 경기장에서 뛰지 않고 벤치에만 앉아 있다면 그는 훌륭한 선수라고 할 수 없다. 우리 크리스천도 마찬가지다. 사람들이 있는 현장으로 나가야 하나님이 살아 계셔서 역사하시는 멋진 장면들을 연출해 낸다.

대각성전도집회 초청 요령

하나님이 가장 기뻐하시는 일이 바로 죽어 가는 생명을 건지는 일임을 성경을 통하여 깨달은 후, 나는 영혼을 살리는 일에 최고의 가치를 두고 생활 계획표를 짠다. 매년 가을 사랑의교회에서는 대각성전도집회(현, 새생명축제)를 갖는다. 나는 이 기간이면 모든 스케줄을 중단하고 초청할 영혼을 물색하는

데 집중한다. 교회에서도 대각성전도집회를 위해 6개월 전부터 준비하고 모든 성도에게 태신자를 작정하여 그 영혼을 품고 기도하며 만나서 초청할 수 있도록 권한다. 이 기간 동안 하나님이 찾으시는 영혼들을 초청하기 위해 최고의 심혈을 기울이는 것이다. 대각성전도집회는 생애 처음으로 교회에 발을 디디는 분들이 어색하지 않도록 따뜻하고 부드러운 분위기를 조성한다. 그리고 최적의 강사진, 유명인 가운데 신앙이 좋은 분들의 간증과 찬양 등으로 순서를 정해 준비한다.

따라서 이런 집회는 전도자들에게는 더할 나위 없는 좋은 기회이다. 가족이나 친지, 평소 알고 지내던 이웃들을 초청하기 좋다. 또한 교회를 다니다가 중단한 사람들이거나 나갈 듯하며 망설이는 사람들을 교회로 인도하기 좋다. 먼저 분위기 있는 곳에서 맛있는 식사를 대접하고 교회로 모시고 가면 하나님께서 그들의 영혼을 책임져 주신다.

나는 전도집회에 태신자를 인도하는 노하우가 있다. 먼저, 내가 시간을 전적으로 내야 한다. 학원을 운영할 때는 수강생들을 위한 강의 일정을 조정하여 미리 앞당겨서 강의를 하거나 나중에 보충할 시간을 마련한다.

두 번째로, 예산을 세운다. 초청잔치에 걸맞은 풍성한 식사를 준비해야 한다. 내 수준이 아니라 상대방의 수준에 맞는 기분 좋은 식사여야 한다.

다음으로는 교통편이다. 택시가 제일 좋다. 승용차가 편리해 보이지만 실상은 그렇지 않다. 도로도 복잡하고 주차장에서 교회까지 한참을 걸어야 하므로 새로 오시는 분들에게는 불편하다.

이 정도로 마음 먹고 준비를 하면 성령께서도 감동하시고 사람도 감동한다. 해마다 대각성전도집회 기간이 되면 나는 물고기가 물 만난 듯 영혼 살리는 일에 더욱 적극적으로 나설 수 있어 신이 난다.

왜 기도하지 않니?

러시아에서 사역을 마치고 돌아온 해였다. 아직 여독도 풀리지 않은 데다 밀린 일들도 많고 추석 준비도 해야 하고 11월에 계획된 인도 사역 준비도 부담이 되고 있었다. 10월에 있는 대각성전도집회를 위해 다락방 모임에서 태신자를 점검하는데 순장인 내가 태신자가 없었다. '이번에는 쉴까?' 하는 유혹과 충동이 생겼다.

그러나 말씀을 묵상하고 기도하는데 성령께서 내 마음을 책망하셨다.

"너는 하나님이 길가의 돌들로도 그분의 자손을 만드실 수 있는 분이라고 외치며 강의하고 다니면서 정작 너의 태신자를 위해서는 왜 기도하지 않니?"

'맞다, 맞아!'

나는 그 즉시로 태신자를 달라고 기도하기 시작했다.

그 해는 담임목사님께서 119 작전을 슬로건으로 내거셨다. 한 사람이(1) 한 사람을(1) 선정하여 구원에(9) 이르도록 하자는 취지였다. 1년에 한 번씩 돌아오는 대각성전도집회는 모든 성도들에게 부담이 되기도 한다. 더구나 태신자를 동행하지 않는 사람의 좌석은 따로 마련되어 조금 민망한 분위기도 조성되기 때문에 성도들은 어떤 방법을 동원해서라도 태신자를 모셔 와 본당에 앉힐 열심을 낸다. 하지만 매년 수천 명이 결신을 하지만 집회가 끝나면 확 흩어져 교회 등록으로까지는 이어지지 않는 안타까운 상황이 생기곤 했다. 그래서 이번에는 한 영혼이라도 자신의 관계망에 있는 영혼들을 교회에 정착할 수 있도록 119 캠페인을 벌이신 것이다.

나는 전도자로 교인들에게 얼굴이 알려져 있는 편이어서 마음에 거룩한 부담감이 밀려 왔다. 이 부담감은 참 스릴 넘치는 기분 좋은 느낌인데, 나는 매 집회마다 한 가정 이상씩 모셔와 열매 맺게 해 달라고 기도했다. 주일 저녁 예배부터 시작해서 수요일 밤 집회까지 총 일곱 번의 집회가 있어서, 일곱 가정 이상을 붙여 달라고 기도한 것이다.

하나님도 응답하시기에 바쁘셨다. 한번은 세탁을 하려고

세탁기에 빨래를 넣는데 맞은편 창문 쪽에서 "아주머니, 아주머니" 하며 나를 부르는 소리가 들렸다. 30대 초반의 아기 엄마였다. "네, 웬일이세요?" 하니 "저희 아기가 울어서 시끄럽지요?" 한다. "시끄럽긴요, 아름다운 추억이지요. 부부가 싸우는 소리도 아닌데…." 내가 생각해도 어찌 그리 아름다운 대답을 했는지!

그 아기 엄마는 나의 말에 호감이 갔는지 "언제 시간 되실 때 집에 놀러 오셔요"라고 초청했다. 그 말을 듣는 순간, 나는 '태신자' 생각이 났다. 내가 그 집으로 갈 게 아니라 우리 집에 먼저 초청해야겠다는 생각이 들었다. 아기 이름을 물었더니, '용상'이라고 했다. 우리 시아버님 성함과 같아서 기억하기 좋았다.

추석을 지낸 후라 과일 등 대접할 음식들이 있어서 며칠 후 바로 우리 집으로 초청했다. 스튜어디스 출신인 미모의 젊은 아기 엄마였는데, 나도 비행기를 많이 타서 이런저런 말도 잘 통했다. 자연스레 간증으로 시작해서 복음을 전했고 긍정적 반응이었다. 태신자 1호였다.

어느 날은 아침에 남편이 출근하면서 앞집으로 이사 온 아주머니와 이야기하는 소리가 들렸다. 대화가 부드럽게 진행되는 느낌이 아니기에 밖으로 나가 보았다. 이사를 막 온 앞집이 집을 수리하느라 페인트칠을 하다가 우리 차에 하얀 페인트 자국을 많이 낸 것이었다. 남편이 "차라리 차를 빼 달라고 해서 페인트 작업을 하지, 차를 왜 이렇게 해놓았느냐"라며 짜증을 내고 있었다.

그 아주머니는 미안해서 어쩔 줄 몰라했고, 난 얼른 나가 페인트를 손으로 문지르며 "잘 지워지는데 뭘…" 하고 남편 양복 뒷자락을 약간 잡아당기며 사인을 주었다. 남편은 내 의도를 금방 알아차렸다. '내 밥이야'(전도 대상자)라는 사인이다.

그 아주머니는 나의 친절한 말이 고마웠던지 나랑 교제하기를 원하는 눈치였다. 나는 얼른 우리 집으로 초대했다. 그분은 먼저 살던 곳에서 교회를 다니셨는데, 이곳으로 이사 와서 거기까지 나가기 힘들겠다고 말했다. '우리 교회도 먼데, 어쩌나' 속으로 생각했지만 일단 요 3:16 그림 카드로 복음을 전했더니 기꺼이 받아들이셨다. 기도제목을 물으니, 이사하느라 신경을 많이 썼더니 턱이 좀 돌아간 것 같다고 해서 마음을 다해 안수기도까지 해드렸다. 기도가 끝난 후 그분은 머리를 위아래, 좌우로 흔들어 보더니 시원해졌다고 하셨다.

대각성전도집회까지는 한달 정도가 남아서 미리 날짜 약속은 하지 않았다. 다만 10월에 그 아주머니 같은 분들을 초청하는 모임이 있는데 같이 가자는 얘기를 했더니 쉽게 응하셨다. 구체적 약속은 대개 1주일 전에 잡는 게 좋다. 이분은 반응이 좋아 우선 일대일 양육을 하기로 했다. 월요일 낮으로 약속을 정해 놓고 그 가정에 방문했더니 야간대학 다니는 딸과 함께 상을 펴놓고 기다리는 게 아닌가. 은혜로운 시간에 딸까지 결신하고 대각성전도집회 참석 약속도 받았다.

그즈음 동네 시장의 야채 가게 앞에서 남편 친구 부인도 만나 전화번호를 입력해 놓았다.

집으로 들어오는 길에 안면이 있는 어느 대학 교수님 부인을 만났다. 반가워하시며 집에 들어가 차 한 잔 마시고 가라고 권하셨다. 사양할 내가 아니다. 성당에 다니시는 분인데 영생에 관한 이야기를 꺼내면 이 세상 사는 것도 지겨운데, 죽지 않고 어떻게 영원히 사냐고 궤변을 늘어 놓곤 했다. 그런데 그날만큼은 진지한 대화를 통해 복음을 받아들이셨고 무릎 꿇고 결신기도까지 따라하셨다.

또 얼마 전 제대한 조카가 생각나 전화를 걸었다. 이 조카는 학창 시절에 나에게 영어를 배운 적이 있었는데 당시 내가 학생부 예배를 드리도록 권면해 그럭저럭 교회를 잘 다녔다. 그런데 좀 머리가 커지고 군대 생활을 하더니 하나님을 떠났다. 평소 큰어머니인 나를 잘 따르고 내 말을 잘 듣는 터라 전화를 걸어 다시 교회로 초청했더니 여자친구랑 오겠다고 약속을 했다. 야호! 주님, 감사합니다.

나는 에스겔 33장 7-9절의 말씀을 하나님의 경고 메시지로 생각한다. "인자야 내가 너를 이스라엘 족속의 파수꾼으로 삼음이 이와 같으니라 그런즉 너는 내 입의 말을 듣고 나를 대신하여 그들에게 경고할지어다 가령 내가 악인에게 이르기를 악인아 너는 반드시 죽으리라 하였다 하자 네가 그 악인에게 말로 경고하여 그의 길에서 떠나게 하지 아니하면 그 악인은 자기 죄악으로 말미암아 죽으려니와 내가 그의 피를 네 손에서 찾으리라 그러나 너는 악인에게 경고하여 돌이켜 그의 길에서 떠나라고 하되 그가 돌이켜 그의 길에서 떠나지 아니하면 그는 자기 죄악으로 말미암아 죽으려니와 너는 네 생명을 보전하리라." 그리고 나에게 붙여 주신 영혼들의 영적 상태를 우선 파악하고 기도하며 기회를 만든다.

하나님께서는 내 기도를 응답하시느라 사람을 이사 가게도 하시고 이사 오게도 하신다. 참 가까이 계셔서 구체적으로 일하시는 하나님이 신기하기도 하고 가끔은 두렵기도 하다.

우리 집 아래층에는 세입자가 세 가구 살고 있다. 새로 이사 오는 분들에게 먼저 확인하는 것은 크리스천인지 아닌지이다. 어느 날은 우리 집 아래층에 사시던 분이 갑자기 이사하시면서 새로 이사 오실 분까지 소개를 하고 가셨다. 새로 이사 오신 분의 이삿짐 정리가 끝나자 나는 기대하는 마음으로 내려갔다. 동네에서 사진관을 하시는 분이라 가까운 교회들의 심방도 받았고 교회에서 받은 성경책도 가지고 계셨다.

하지만 어린아이 둘을 돌봐야 하고 사진관도 운영해야 한다며 교회는 나가지 않고 있었다. 그분과 차를 한 잔 마시며 이야기를 들었다. 교회를 열심히 다니시는 권사님 시어머니를 굉장히 싫어하고 있었다.

"그래도 우리 집으로 이사 오신 것을 보니 하나님께서 시어머님의 기도를 들으셨나 보네요."

나는 그분이 어린아이 둘을 데리고 우리 교회까지 오는 것은 무리라고 생각되어, 함께 성경공부를 하자고 제안했다. 그분은 집주인인 나의 청을 호의로 받아들였다. 성경공부할 요일과 시간을 정했고, 나는 그 시간에 맞춰 그 댁으로 내려갔다. 그분은 심방을 받아 본 경험이 있는 분이라 상도 펴놓고 성경과 노트, 필기도구까지 준비해 놓고 나를 맞이했다.

이런 분은 내가 몇 번 만나고 바로 다락방으로 연결한다. 물론 양육이 다 잘 이루어지는 것은 아니다. 만나는 모든 영혼을 내가 다 책임질 수는 없지만 하나님께서 붙여 주시는 영혼을 위해 부지런히 최선을 다해 섬긴다. 나머지는 주님께 맡긴다.

완벽한 응답

이렇게 해서 열세 명의 태신자가 준비되었다. 집회 1주일

전, 일일이 전화를 걸어 구체적인 날짜와 시간을 확인했다. 전도집회가 시작되는 주일 저녁집회는 조카와 여자친구가 멀리서부터 와 주었다. 교회 앞에서 저녁식사를 하고 집회에 들어갔다. 설교 말씀을 받아들이는 자세가 엄숙하고 진지했다. 둘 다 결신을 했다. 내 맘에 기쁨이 차올랐고, 그들이 신앙생활을 잘하도록 격려하고 차비도 주어 보냈다.

월요일 아침, 아랫집으로 이사 오신 아주머니를 택시로 모시려고 맘을 먹고 아침 여덟 시경 전화를 드렸다. 분명히 약속을 해놓고도 당일에 펑크를 내셨다. 대체의약품 건강식 설명회에 친구와 함께 가기로 했단다. 돈벌이가 된다는 솔깃한 말에 그쪽을 택하신 것이다. 하긴 신앙도 없으신 분이 그쪽으로 맘이 쏠려 유혹을 받는 건 당연하다 싶었다.

약간 허탈한 마음에 전화를 끊고 '누굴 데려가지?'라고 생각했다. 당시는 노방전도에 익숙하지 않던 때였지만 하나님께서 길거리 돌들로도 당신의 자손을 만드실 수 있다는 말씀이 생각나서 믿음으로 결단하고 이웃집 남집사님을 불러내어 같이 거리로 나갔다.

트렌치코트를 갖춰 입고 강남역 쉼터에 앉아 계시는 분께 초대장을 건네며 다가갔다. 조심스럽게 "저희 교회에서 오늘 선생님 같은 분을 초청해 유익한 시간을 갖는데, 시간 괜찮으시면 같이 가실 수 있겠어요?"라고 말씀드렸다. 상대는 못마땅한 표정으로 거부하셨다. 다른 분에게 다가가 같은 말로 권했다. 아래위로 훑어 보며 또 못마땅하다는 듯이 거절했다. 그렇게 할 일이 없느냐는 듯이 쳐다보면서 말이다.

남집사님에게 "오늘은 안 되겠네요. 그냥 예배나 드려요"라고 말하며 전도를 포기하려는 순간, 동남아에서 온 듯한 40대 초반의 아주머니가 앉아 계신 것이 눈에 띄었다. 그분께 다가가 영어로 "어디서 오셨냐, 언제 오셨냐"고 물으니 한국어로 대답했다. 필리핀에서 왔고 한국 온 지가 꽤 오래되어 한국말을 잘했다. 초청장을 펼쳐 보이며 교회에서 열리는 행사를 설명하였더니, 한국말을 충분히 알아들을 수 있다며 같이 가겠다고 일어섰다.

마침 그때 이 외국 분과 영어를 섞어 가면서 이야기하는 우리들을 흘끔흘끔 쳐다보던 30대 청년이 건너편 의자에 앉아 있었다. 그냥 지나칠 수가 없어 그 청년에게도 초청장을 내밀었다. 시간 되면 같이 가자고 했더니 처음에는 시간이 없다고 했다. 으레 하는 소리에 그냥 포기할 내가 아니다.

"이곳에 아침부터 나와 앉아 있는 걸 보니 시간 있는 거 같은데, 딱 두 시간이면 돼요. 끝나면 '나이스'한 점심 사 줄게요."

이렇게 말한 뒤 나는 아들 같기도 한 그 청년의 팔을 끼며 일으켰다. 그 청년은 "딱 두 시간이면 되죠, 두 시간이요?"

하며 마지못해 들어주는 듯 따라왔다.

본당에 미리 마련된 로열석으로 두 분을 모시고 우리 넷이 나란히 앉았다. 특별 찬양과 간증 시간에 이어 설교까지 다 듣고 결신하는 시간이 되었다. 이들은 자리에서 일어나 결신했다. 우리는 예배를 마친 후 기쁨으로 충만해 식사를 즐겼고, 필리핀 아주머니는 그날 자신의 삶을 간증했다. 자신이 가정부로 일하던 곳에서 이제 그만하라는 통보를 받아 일자리가 없어져 막막했다고 한다. 고국에는 자녀 넷이 있고 그날 아침에 친정엄마와 딱한 사정을 전화로 통화하고 눈물을 닦고 그 자리에 앉아 있었노라고. 그런데 예배를 통해 주님이 위로해 주셔서 이제 평안을 찾았으며, 기도하는 중에 주님이 다른 일자리를 주신다고 말씀하셨다고 말했다. 얼마나 감사한지…. 이분은 영어예배를 드리는 것이 좋겠다고 생각되어 주일에 함께 영어예배를 드린 후 다른 분께 소개하여 양육을 부탁했다. 함께했던 또 다른 30대 청년은 격주로 예배 드릴 수 있다며 청년부에 나가겠다고 했다.

우리 맘을 아시고 구원받을 영혼을 붙여 주신 주님을 찬양한다. 한 영혼 한 영혼을 안타깝게 생각하고 구원시키고자 하는 내 작은 열망을 하나님께서 보시고 나에게 복음을 맡겨 주셨다. 그분이 얼마나 흐뭇하시고 기뻐하실지 상상하면 황송할 따름이다.

하나님께서는 전도집회 마지막 날까지 여섯 명의 영혼을 나에게 붙여 주시고 모두 결신하게 하셨다. 마지막 날인 수요일은 혼자 예배를 드렸다. 하나님께서 응답하신 것은 여기까지인가 보다 생각하고 기분 좋게 교회 마당으로 나왔다. 천하보다 귀한 여섯 명의 영혼에게 영생의 선물을 주신 하나님께 감사한 마음이, 또 내 맘에는 기쁨이 넘쳤다. 그때 "순장님!" 하고 낭랑한 목소리가 들렸다. 학원을 경영하는 이 원장이었다.

"누굴 모시고 왔어요?"

"저의 형님이요."

다락방 모임에서 그분을 위해 함께 기도한 적이 있어서 알고 있었다. "내가 점심 살게" 하고 같이 교회 앞 피자 가게로 갔다. 그런데 이 원장이 극구 자기가 점심을 산다기에 간절히 식사 기도를 했다.

"한 영혼을 천하보다 귀하게 여기시는 하나님, 여기 하나님이 사랑하셔서 찾으신 한 영혼에게 영생 주심을 감사합니다. 앞으로의 삶을 인도하시고…."

이렇게 기도를 마쳤는데, 이 원장이 "우리 형님, 결신 카드 안 냈어요" 한다. 나는 그 순간 의문이 들었다. 대각성전도집회에는 새로 오신 분들을 위한 특별기도가 있고, 유명인들의 짧은 간증을 통해 예수님이 누구신지를 듣고, 영상물을 통해 하나님 사랑을 알게 되고, 엄선된 강사 목사님을 통해 쉬운 말로 복음을 듣기 때문에 네다섯 번은 복음을 들을 기회가 있다. 그래서 웬만하면 결신들을 한다. 그래서 이분이 결신하지 않은 이유가 궁금해서 물었더니 그분은 이미 성당에 다니고 있기 때문에 결신하지 않았다고 대답했다. 성당 다니시는 분들에게 복음 전하는 것이 익숙한 나는 식사 후에 다시 교회 친교실로 와서 요 3:16 전도지로 질문을 해가며 복음을 설명했다. 결국 그분은 결신했고, 집 근처 다락방에 나가기로 했다.

할렐루야! 일곱 번 집회에 일곱 명의 태신자를 달라고 기도한 것에 100퍼센트 응답해 주시기 위해 하나님께서 마지막 한 영혼을 내게 붙여 주셨던 것이다. 가슴 벅찬 감격이 밀려왔다. 복음 하나 붙들고 어린아이처럼 떼쓰듯 드린 나의 기도에 이렇게 멋지게 응답하신 신실하신 하나님께 박수를 올려 드리며 찬양한다.

영혼 구원은 하나님이 하시는 것이고 우린 주님의 명령에 순종해서 전하기만 하면 된다. 순종하는 전도자들은 이 땅에서도 성령 충만함과 기쁨을 경험할 뿐만 아니라 구하지 않은 것까지도 보너스로 주시는 하나님의 독특한 은혜를 누린다.

4. 예사랑전도학교가 시작되다

그분들을 초청한 것은
성령께서 나에게 긍휼한 마음을 주셨기 때문이다.
오라고 하신 분이 성령이시라면
할 말도 주실 것이라는 확신이 들었다.

사랑의전도단이 활성화되면서 하나님께서는 나에게 타 교회에 전도단을 세우는 비전을 주셨다. 2004년도는 감리교회 창시자인 존 웨슬리 300주년을 기념하는 해여서 감리교회, 특히 인천 강화 지역에서 전도 특강 요청이 많았다. 각 지방회에 28개 교회 연합, 30개 교회 연합 전도 대회를 비롯해 목회자들을 대상으로, 성도들을 대상으로 각각 여러 곳에서 강의를 했다. 이 일을 계기로 2005년도부터 인천 지역 교회 연합으로 10주 과정의 전도학교를 열기로 했다. 나는 이 일을 위해 우선 10주 과정 강의안을 만들어야 했다.

2004년 12월 하순 경에 연말연시 20일 간을 미국에 사는 남편의 절친한 친구를 방문했다. 그 당시 나는 전도학교 강의안(요 3:16 전도훈련 교재)을 집필하고 있던 중이어서 내 마음은 온통 새로 시작될 전도학교에 대한 비전과 구체적 일정, 진행에 대한 생각뿐이었다.

미국으로 향하는 비행기 안에서도 나는 전도학교를 위한 교재를 썼고, 남편이 친구와 여행 간 사이에 그 친구 댁에서도 호젓한 시간을 가지며 교재를 준비했다. 그리고 새들백교회, 남가주 사랑의교회, 파사데나에 있는 모자이크교회 등 책으로만 알았던 교회들을 방문하며 크리스마스 예배, 송구

영신예배, 새해 예배를 드리며 은혜로운 시간을 보낼 수 있었다.

또한 거대하고 웅장한 그랜드캐니언을 비롯한 몇몇 아름다운 캐니언들, 눈 덮인 요세미티 공원의 자연을 보며 창조주 하나님의 걸작품에 연신 감탄사를 보냈다. 주님의 높고 위대하심을 찬양하며 감상한 유익한 시간들이었다.

나는 전도 강의 서두에 '우리가 믿는 하나님은 창조주이십니다' 하고 선포한다. 그리고 우리 인간을 위하여 완벽하게 지어 놓으신, 눈에 보이는 세상이 모두 하나님의 솜씨임을 힘주어 강조한다. 특히 창세기에 하나님의 전지전능하심과 무소부재하심이 완전하게 나타나 있기에, 이번 미국 여행은 전도학교 개강을 앞두고 나에게 창조주 하나님을 더욱 실감나게 체험할 수 있는 기회였다. 그리고 그동안 전 세계 오지로만 다니며 전도의 열정에 불타 몸을 사리지 않고 종횡무진 달려 온 나에게 하나님이 주신 보너스 여행이었다. 강의안도 인쇄만 들어가면 되게 마무리하였다.

전도학교의 이름은 '예사랑전도학교', 장소는 인천의 예일감리교회, 2005년 3월 첫 주부터 10주 동안 매주 화요일에 진행하기로 하였다. 제1기 훈련생으로 열 개 교회가 참가했고 등록 인원은 50명이었다. 1기 예사랑전도학교에는 지역 교회 목사님들이 적극적인 지지를 보내 주셨다. 또 훈련을 위해 여러 명의 지체가 도와주어 풍성한 열매를 맺을 수 있었다. 참여한 각 교회의 반응은 긍정적이었고 각 교회별로 선의의 경쟁의식도 작용해 훈련 효과도 상승되었다. 교재는 '요 3:16 전도훈련 교재'였고 강사는 교재 저자인 내가 맡았다.

인천 지역 예사랑전도학교 초청집회

강의는 전도법을 가르치는 데 치중하는 것이 아니라, 큐티를 생활화하며 매일매일 말씀으로 주님과 대화하고 말씀 안에서 순종하여 일상생활에서 하나님을 경험하는 일이 중요함을 강조했다. 그리고 타의에 의해서가 아닌 자발적으로 복음을 증거하는 삶을 살도록 나 자신을 인도하는 하나님을 간증했다. 그래서 전도학교 참석자 전원이 「매일성경」으로 큐티를 하도록 했다.

전도학교에서는 요 3:16 복음개요를 완벽하게 외워서 내 안에서 복음이 톡톡 튀어 나오게 하는 것이 나이에 관계없이

의무사항이다. 4주차 강의가 진행될 때까지 A4 용지 앞뒤로 가득한 복음개요 내용을 다 외우도록 했다. 처음에는 모두 긴장하며 부담스러워하는 경우가 많다. 그러나 강의를 들으며 강한 도전을 받고 순종하다 보면 어느 순간 성령께서 지혜와 암기력을 주심을 본인들도 느끼고 은혜를 받는 듯했다.

영혼을 살리는 것은 사람의 힘이나 능으로 이루어지지 않는다. 그것은 하나님이 하시는 일이다. 이 일을 항상 실감하고 있는 우리는, 매 시간 성령의 임재와 능력을 구하는 시간을 갖는다. 조목조목 기도제목을 기록한 후 30분 이상 뜨겁게 통성기도를 한다.

전도학교가 실시되는 인천 지역 전체를 놓고 사탄의 견고한 진들을 무너뜨려 달라고, 전도학교의 모든 절차를 인도해 달라고, 훈련자와 훈련생들이 영적으로 무장하고, 참가한 각 교회들이 부흥하고, 하나님이 구원하기로 작정한 영혼들을 예비시켜 달라고, 전도현장의 방해물들을 묶어 달라고 뜨겁게 기도했다. 그리고 무엇보다 우리 각자에게 한 영혼 한 영혼을 긍휼히 여기는 마음을 달라고 기도했다. 그리고 나중에 전도 보고회를 통해 그 기도에 대한 응답들을 확인할 수 있었다.

예사랑전도학교에서는 훈련 첫날부터 현장 실습을 강행한다. 현장전도에 대한 두려움을 해소하고 전도에 대한 담력을 키우기 위해서다. 훈련이 안 된 채 두려움과 떨림으로 현장에 나가 세상 사람들의 반응을 살피는데, 훈련생에게는 이 시간이 더욱 강도 높은 훈련과 기도로 무장하는 계기가 된다.

한 주 한 주 훈련이 진행될수록 자신감도 생기고 전도의 열매들도 나타난다. 현장에 나가지 못하는 연세 드신 분들과 몸이 불편한 분들은 남아서 전도자들과 현장을 위해 중보기도 한다. 이 기도는 현장에 나간 훈련생들이 돌아올 때까지 지속되는데, 중보기도 인도는 참가한 교회 목사님들이 돌아가며 맡았다.

보통 총 두 시간 정도를 현장전도에 할애하는데, 전도현장은 교회 주변에 위치한 공원들과 아파트 가가호호, 놀이터와 노인회관, 학교와 병원들이다. 현장에 만난 대상자를 바로 그 주에 교회를 등록시키는 훈련생, 아기까지 업고 현장에 나가는 훈련생, 전도현장에서 만나는 딱한 대상자에게 과감하게 주머니를 터는 훈련생도 있었다. 노인회관에 방문해 사비로 음료수나 다과를 대접하는 훈련생, 자기 구역을 정해놓고 구역 배가와 그 지역 복음화를 위해 부지런히 방문하며 섬기는 훈련생도 있었다.

현장에서 돌아온 훈련생들은 현장 보고를 한다. 이 시간은 현장에서 역사하신 하나님을 체험한 이야기를 나누며 서로의 팀들에 격려와 도전을 주는 은혜로운 시간이다. 모든 현장에서 일어난 일들을 조목조목 기도로 올려 드리면서 그날의 훈련 일정을 마감한다.

　마지막 주가 되면 훈련생들이 첫 주부터 만났던 모든 전도 대상자를 모시는 초청집회를 연다. 즐거운 프로그램을 기획하고 맛있는 음식을 대접하며 복음을 다시 한 번 듣고 결신할 수 있는 기회를 마련하는 것이다.

　초청집회야말로 전도학교의 꽃이자 하이라이트라고 할 수 있다. 어떻게 하든지 한 영혼이 생을 마감하기 전에 단 한 번이라도 복음을 듣도록 하는 것이 전도자의 사명이기에, 주님을 알지 못하는 영혼을 모셔오는 데 총력을 기울이는 것이다. 보통 300여 명가량이 모이는데, 버스를 대절해서 방문하는 경우도 있다. 장소 사정에 따라 예배실에서 예배를 먼저 드리고 식당에서 음식을 나누기도 하고, 식당에서 음식을 드시고 그 자리에서 자연스럽게 간증과 복음을 들려드리기도 한다.

　나는 사랑의교회에서 해마다 대각성전도집회를 경험하기 때문에, 초청집회를 여는 것이 번거롭거나 어렵지 않다. 각 교회에서 음식을 한 가지씩 준비해 오면 풍성한 잔칫상이 마련된다. 선물도 꼭 준비한다. 훈련 참가자들 중에 다양한 은사가 있는 분들이 많아서 화려한 공연들을 다채롭게 선보이는 경우도 있다.

하나님께서도 예사랑전도학교를 통해 많은 기적들을 보여 주셨다. 장맛비가 억수같이 쏟아지는 중에도 현장전도하는 그 시간만큼은 장대 빗줄기를 묶어 놓으셨고, 훈련생들의 각종 질환도 치유해 주셨다. 한 훈련생의 시누이가 뇌사 상태에 빠졌을 때 훈련생 전원이 그를 위해 합심기도 하여 의식을 회복한 일도 있었다. 훈련생들 모두 훈련 기간 동안 하나님께서 살아 계심을 가까이서 목격할 수 있었다.

예사랑전도학교가 섬긴 교회들

내수동교회

인천 지역에서 예사랑전도학교를 6기까지 개최해 각 교회 안에 자체적으로 전도단이 세워질 즈음, 하나님께서 전도학교를 광화문에 있는 내수동교회로 옮기셨다. 내수동교회는 말씀과 기도 또 선교에 대한 열정이 뜨거운 교회라 훈련생 모집도 수월했고 장년뿐 아니라 대학 청년부의 많은 젊은이들이 훈련을 신청했다. 특히 각 부서의 담당 교역자들이 솔선수범해서 훈련으로, 현장전도로 섬겨 주셔서 더욱 화기애애한 분위기에서 많은 열매를 맺을 수 있었다.

젊은 담임목사님께서도 물심양면으로 밀어 주시고 격려해

주셔서 교회 전체가 첫사랑을 회복하여 활기를 띠고 있었다.

현장전도는 교회 근처 아파트의 가가호호 팀, 세종문화회관과 광화문 거리와 지하도 팀, 교보빌딩 팀, 사직공원 팀, 역사박물관과 경희궁 팀, 강북삼성병원 팀, 적십자병원 팀, 연세대 캠퍼스 팀, 이화여대 캠퍼스 팀으로 나누어 진행됐다.

현장에 대한 기도도 뜨거웠다. 특히 역사적, 정치적으로 이야기도 많고 한도 많은 거리, 많은 젊은 시위대의 희생으로 피도 많이 쏟은 광화문 거리가 거룩한 기독 문화 공간이 되게 해 달라고 합심 기도를 드렸다. 사직공원, 역사박물관에서는 역사와 문화재의 탈을 쓴 무형의 세력들이 하나님의 형상을 따라 지음 받은 사람들을 족쇄 채우지 못하도록 뜨겁게 기도를 드렸다.

담당 목사님과 섬김이들은 훈련 시작 한 시간 전부터 모여 기도를 드렸고, 수요 예배 후에는 특별히 전도학교를 위한 기도회를 가졌다. 여름 더위 때문에 몇 주 쉬자고 해도 굳이 전도현장에 나갈 정도로 섬김이들은 열정적으로 수고하고 순종했다. 이분들은 지금도 아마 주님이 부르시는 그날까지 충성스럽게 전도의 사명을 다하고 있을 것이다.

적십자병원 팀은 투병 중인 환자에게 복음을 전했다. 복음을 들은 환자는 퇴원하자마자 교회에 등록하고 그다음 기 수 전도훈련을 신청하셨다. 몸이 불편하여 다리를 절면서도 얼마나 열심을 내시던지…. 연세도 예순이 넘으신 터라 많은 젊은이들에게 도전을 주셨다. 당신이 입원했던 병원으로 전도를 나갈 땐 더욱 힘을 내셨다. "내가 얼마 전까지만 해도 이 병실에 누워 몸을 가누지 못할 정도로 힘들었는데 이렇게 예수님이 고쳐 주셔서 옛날의 나처럼 고통 받고 있는 분에게 이 예수님을 전하러 왔다"라고 전하시면 많은 열매가 나타나곤 했다.

한번은 복음 전문을 암기하시며 계단을 내려오시다가 넘어지셔서 불편한 다리를 또 한 번 다치는 안타까운 일도 있었다. 그러나 곧 퇴원하셔서 훈련을 마치시고는 계속 매 기수 때마다 훈련자로 섬기고 계신다.

결혼한 지 수년이 지나도록 임신을 못하던 젊은 부부가 훈련 중에 우리의 뜨거운 중보기도로 임신을 하여 득남한 일도 있었다. 이 부부는 믿음이 얼마나 좋던지 아기를 주실 줄 믿고 아기 이름까지도 '이한'이로 지어 놓고 부지런히 말씀을 살피며 기도했다. 그랬더니 정말 떡두꺼비 같은 아들 '이한'이를 안고 교회 나온 것을 보고 많은 사람들이 얼마나 반가워했는지 모른다.

3기 때는 폐암이 온몸에 번져 몇 개월밖에 못 사신다고 하는 50대 중반의 집사님 내외가 훈련 등록을 하셨다. 당시 나는 솔직히 부담스러웠다. 그러나 우리는 모두 더욱 뜨겁게 기도하며 부활의 능력으로 그분을 고쳐 달라고 애원했다. 집사님은 훈련에도 열심히 참가하시며 젊은 날 하나님과 멀어졌던 것을 회개하셨다. 불편한 몸으로 전도현장에도 열심히 찾아다니셨다. 그렇게 성령에 사로 잡혀 사시는 모습에 우리 참가자 모두는 하나님께 애원하듯 집사님을 위해 기도했다. 이후 그분은 부활절을 네 번 더 맞이하시고 아름답게 소천하셨다는 소식을 들었다. 지금은 예수님 품에서 자유와 안식을 누리시리라 생각한다.

초청집회는 봄 가을로 매 학기 마지막 주에 열었다. 봄에는 가족 중심으로 부모님들과 어르신들을 모시고 프로그램과 음식을 정성껏 준비해 복음을 전해 드렸고, 가을에는 친구 이웃들을 모시고 복음을 전해 드렸다.

내수동교회 노숙자 초청잔치

광화문 지하철역에서 내려 내수동교회로 가는 길에는 노숙자들이 많이 있다. '저분들에게 복음을 전해야 할 텐데' 하는 마음이 들면서도 선뜻 초청집회에 모시기는 힘들었다. 초청하면 오시긴 하겠지만 다른 손님들이 이 노숙자들 곁에서 음식을 드실 수 있으려나 하는 생각이 들었기 때문이다.

이 문제를 고민하며 기도하는 중에 하나님께서 아이디어를 주셨다. 특별히 노숙자들만을 위한 초청집회를 하는 것이었다. 담임목사님께 말씀을 드리고 날짜는 12월 크리스마스 전쯤으로 정했다. 식사는 교회에서 대접하기로 하고, 여기저기서 후원을 받아 따뜻한 양말과 장갑을 선물로 마련하고 교통비도 봉투에 넣어 준비했다.

노숙자들을 초청하는 것은 그렇게 힘들이지 않아도 되었다. 초청집회 바로 전 주에 광화문 시청 지하도를 돌며 그들의 거처를 찾아다녔다. 교회에서 왔다니까 웅크리고 누워서 돌아보지도 않는다. 그러나 호떡이라도 사 드시라고 1,000원짜리를 꺼내니 벌떡 일어나신다. 좀 유치한 방법 같기는 했지만 어떻게 하든지 복음을 단 한 번이라도 듣게 해야겠다는 일념에서였다. 이분들이 교회에 들어오기엔 교회 문턱이 그만큼 높았다.

막상 노숙자들을 초청해 놓으니 잠이 오질 않았다.

'무슨 말부터 해야 하지? 이분들이 인내하고 앉아서 복음을 들어줄려나? 한겨울에 갈 곳도 없고 돈도 없는 이들에게 예수님 이야기가 먹힐까? '너도 내 신세가 되어 봐라'는 태도로 비아냥거리며 나를 쏘아 보면 어쩌지?'

그러나 그들을 초청한 것은 분명히 성령께서 나에게 긍휼한 마음을 주셨기 때문이었다. 오라고 하신 분이 성령이시라면 할 말도 주실 거라는 확신을 가지며 전할 말을 달라고 기도했다.

초청집회에 50여 명의 노숙자들과 거리의 노인들이 오셨다. 나는 그들에게 호소하듯 말했다.

"예수님도 노숙자셨어요. 지금 여러분의 처지와 아픔을 가장 잘 아시는 분 그리고 도와주실 분은 예수 그리스도밖에 없어요."

나는 그들의 반응을 살피며 계속 말했다. "여러분을 초청한 후 여러분이 거처하는 곳을 방문하고 나서 제가 아무 도움을 줄 수 없는 것이 너무 안타까워 밤잠을 못 잤어요…. 우리 하나님은 우리 죄를 사하시고 우리를 구원해 주시기 위해 당신의 하나밖에 없는 아들을 희생시키셨어요…"라며 간곡히 복음을 전했고, 그들은 진지하게 들었다. 아침부터 술에 취한 세 분을 빼놓고는 모두 일어나 결신하셨다.

나는 그들에게 "주일만큼은 깨끗이 하고 교회 나오세요"라고 권면했다. 그들은 맛있고 풍성한 뷔페 음식에 선물과 차비들을 받아 들고 돌아갔다.

그 이듬해에도 노숙자 초청집회를 진행했다. 그런데 이들을 섬기는 것이 결코 쉬운 일은 아니다. 깨끗한 현대식 건물과 세련된 장식으로 꾸민 교회당에 이들을 초청하는 것이나 집회를 준비하는 것도 만만치 않은데다, 노숙자들에게는 이상한 습관이 있어서 때로 성가시고 귀찮은 일이 생기기도 한다. 한 번 교회에 와서 차비를 받으면 그다음 주에도 교회 사무실에 와서 또 돈을 달라고 요구하기도 한다.

그럼에도 불구하고 우리는 이들을 섬긴다. 하나님께서는 우리가 그들의 영혼에 관심을 가지고 예수님을 소개하는 것을 무척 기뻐하시기 때문이다.

수년이 지난 지금까지도 내수동교회 전도학교는 자체적으로 계속 진행되어 '못 말리는 전도자'들이 세워졌다. 그들은 눈이 오나 비가 오나 추우나 더우나 하나님이 찾으시는 소중한 한 영혼 한 영혼을 찾아 누비고 있다. 다음은 내수동교회 각 현장전도 팀의 간증이다.

> 가가호호 팀 : 아파트에서 48세 된 정장수 씨를 만났습니다. 어머니와 할머니가 독실한 기독교 신자이고 평소에 물고기가 물이 없이는 살지 못하듯 우리도 하나님 없이는 살지 못한다고 하신 말씀이 생각나 기독교 방송을 듣고 있었다고 합니다. 우리가 방문했을 때 하나님이 보내어 온 사람들이라는 생각이 들었다고 합니다.
> 평소에 자신이 지옥에 갈 것이라는 두려움을 갖고 있었고 언젠가는 예수님을 믿어야 한다 생각하고 있었습니다. 그러면서 한편으로는 '이제 와서 의미가 있을까? 하나님을 믿지 않았기 때문에 벌 받는 건 아닐까?' 하는 두려움이 있었다고 합니다. 그러다 우리가 복음을 제시하자 바로 결신하였고 다음 날 교회에 나오셨습니다. 이분이 잘 적응할 수 있도록 기도하고 있습니다.

적십자병원 팀: 오정대 할아버지를 처음 만났을 때, 그분은 사고로 다리를 잃고 자포자기 상태에 빠져 계셨습니다. 만사를 다 귀찮아하며 복음을 들으려고도 하지 않았습니다.

셋째 주에 다시 만났을 때는 전 주보다 밝아진 표정으로 반겨 주셨고 복음을 듣고 결신하셨습니다. 넷째 주에는 411장 찬송을 불러 드렸는데 매우 좋아하셨고, 성경책을 드렸더니 기쁘게 받으셨습니다. 다섯째 주에는 다른 사람에게 복음을 전하면 옆에서 거들며 복음의 후원자가 되셨습니다. 할아버지를 변화시키시는 하나님의 손길을 뚜렷이 느꼈고 복음을 전하는 기쁨이 얼마나 크고 귀한 것인지 다시 깨닫게 되었습니다.

캠퍼스 팀: 세브란스병원에서 일하는 오수명 형제를 만났습니다. 중고등학교 때 교회는 열심히 다녔지만 구원의 확신이 없어 담당 목사님이 복음을 전했고 결신기도까지 했습니다. 업무시간 때문에 교회에 나오기 힘들고 초청집회에도 올 수 없었기에, 목사님이 금요일 새벽에 성경공부로 양육하기로 했습니다. 30분 동안 기도란 어떤 것인지 얘기해 주었더니, 자신의 삶을 진솔하게 나누며 기도를 부탁하기까지 했습니다. 그 형제는 어려운 가정 상황 가운데 하나님을 알게 되어 감사하다고 고백했습니다. 형제의 믿음이 계속 자라길 기도하며 다음에 또 만나길 약속했습니다.

역사박물관 팀: 41세의 정두영 씨를 만날 수 있었습니다. 정두영 씨는 기도하는 법에 관심을 보였습니다. 그래서 기도에 관한 간증과 함께 복음을 제시하였습니다. 복음 제시를 듣고 영접 기도

를 하셨으며 다음 주 토요일에 성경책을 드리고 초청집회에도 초청하기로 하였습니다. 또한 설영수 씨에게도 천국에 대한 소망과 하나님이 주시는 복과 위로를 전하며 기도해 드렸더니 영접 기도를 하였습니다. 성경을 드리며 기도를 권하였습니다.

예일 감리교회

예사랑전도학교를 통해 전도훈련을 받은 한 자매는 자신이 운영하는 공부방 아이들에게 복음을 전해 아이들이 모두 교회로 출석하고 있다. 또 복음의 감격을 누리신 권사님들은 목욕탕에서 전도 대상자의 때를 밀어 드리면서 복음을 전해 결신기도까지 하게 하시는 등 대상자만 있으면 때와 장소를 불문하고 복음을 전하셨다.

어떤 집사님은 과일 가게 주인을 품고 전도하자, 그분을 통해 또 다른 사람들이 전도되는 등 열매가 이어지고 있다며 기뻐했다.

이들은 훈련을 통해 얻은 복음의 무기로 무장해 능력 있게 쓰임 받고 교회가 부흥하는 데 한 몫을 감당한다.

이들이 이구동성으로 말하는 내용은 "교회 나오세요, 예수님 믿으세요"라는 간단한 말보다, 정확하게 복음을 들은 사람들이 거의 교회에 등록한다는 점이다. 복음을 들려준 사람들은 거의 교회에 등록되는 것을 보며 말씀의 능력과 복음의 능력을 절실히 경험한다는 것이다. 복음 개요를 암기하며 훈련받을 때는 많은 부담이 있지만 일단 성령의 도우심으로 암기하면 그 복음이 우리 안에서 계속 맴돌아 말하지 않으면 좀이 쑤셔 못 배기는 현상이 일어난다. 그것이 성령께서 역사하시는 복음의 능력인 것이다.

전도학교에 총무로 6기까지 꾸준히 신실하게 섬긴 한 집사님은 교회 전도단을 섬기면서 전도 전임 사역자가 되기 위해 신학 공부를 하고 있다.

이 교회는 훈련 장소를 제공하기도 했는데 전도학교 덕분에 몇 년 동안 교회 주변이 강력한 기도와 복음으로 다져졌다. 훈련 시작 즈음에는 결신율 20퍼센트, 거부 80퍼센트였는데, 훈련이 더해 갈수록 점점 결신율이 높아져 훈련 후반에는 결신율 80퍼센트, 거부 20퍼센트로 나타나게 되었다.

훈련이 끝날 때마다 실시하는 초청집회는 교회에서 열기도 하고, 또는 참가자들이 13개 팀으로 나누어 각 아파트 단지 노인정에 찾아가서 개최하기도 하는 등 다양한 형태로 진행되었다.

참빛교회

참빛교회는 예사랑전도학교 1기부터 꾸준히 훈련생들을 보내 온 교회다. 훈련생들은 교회에 나올 가능성이 있는 전도 대상자나 마음에 품은 태신자들을 집중적으로 관리하며 전도하는 '예사랑 목장'을 만들어 진행해 왔다.

지금은 교회에 앉을 자리가 없을 정도로 부흥하고 있다. 매 기수마다 훈련받은 자들이 훈련이 끝난 후에도 꾸준히 참석하면서 전도현장에 나간 결과였다. 처음에는 믿음이 연약한 훈련생들도 있었지만 훈련을 지속적으로 받으면서 구원의 확신이 생기고 담대한 전도자들로 변화되었다. 먼저 개인의 영성이 회복되고 회복된 열정 위에 복음의 무기를 갖추니 놀라운 역사가 일어난 것이다.

참빛교회 전도자들의 열정을 보며 믿지 않는 사람들 사이에서도 참빛교회가 부흥하고 있다는 소문이 났고 매주 새신자들이 줄을 잇고 있다. 전도훈련이 교회 부흥으로 직접 이어지는 모습을 보며 교회가 잘 준비되어 있고, 목사님을 중심으로 교회가 하나같이 영혼 구원에 집중하고 있다는 인상을 받았다. 그래서 모두 부담스러운 마음이 아닌 즐거운 마음으로 훈련을 받을 수 있었던 것 같다.

못 말리는 전도자들의 생생한 목소리

"예사랑전도학교를 통해 교회뿐 아니라 저희 가정에서도 하나님의 살아 계신 역사를 경험하게 되었습니다. 뇌사 판정을 받고 싸늘하게 식어 가는 시누이의 영혼을 불쌍히 여기며 예사랑 식구들과 합심하여 기도했습니다. 그러자 하나님께서 믿지 않던 시누이의 생명을 살려 주셨습니다. 이 일을 계기로 저희 가정의 복음화가 이루어졌습니다.

저를 기도하는 자로 삼아 주신 하나님께 감사드립니다. 남편의 신앙도 회복되어 지금 열심히 신앙생활을 하고 있고 주위에 좋은 사람들을 붙여 주셔서 안정된 장소에서 맘껏 장사도 하게 되었습니다. 복음으로 전도도 할 수 있게 해주시고, 주님의 일도 맘껏 할 수 있도록 물질을 허락해 주신 하나님을 찬양합니다. 계속적으로 복음 전하는 증인의 삶을 살 것입니다." (이 분은 시누이의 뇌사 판정 진단서를 가지고 다니며 전도한다.)

_ 참빛교회 송영수 집사

"초청집회를 앞두고 그동안 만났던 전도 대상자들이 꼭 나오기를 바라며 매일 기도했는데, 회사 근무 때문에 참석이 어려운 두 분 빼고는 다 나오시게 되었습니다. 그중 세 명은 주일에 교회까지 나오기로 약속까지 받았습니다.

무엇보다도 놀라운 일은 그동안 기도하며 작정한 우리 교회 초청 인원이 모두 83명이었는데, 초청집회 당일 정말 83명이 나오시게 되었던 것입니다. "네 입을 크게 열라 내가 채우리라"고 하신 말씀이 생각났습니다. 자신감을 가지고 기도를 크고 넓게 하면서 그들이 돌아올 때까지 끝까지 기도해야겠다고 생각했습니다. 초청집회에 참석하였던 분들을 다시 만났습니다. 다들 너무 감사하다며 교회에 좋은 인상을 받았다고 말씀하셨습니다."

_ 새빛교회 장영순 권사

"저는 아버지와 함께 전도학교에 참석했습니다. 전도학교가 시작되면서부터 우리 부녀는 바로 하나님의 은혜가 함께 하심을 느꼈습니다.

하나님께서 이곳을 얼마나 기뻐하시는지 우리의 마음에도 기쁨과 감사와 간증이 넘쳤습니다. 그래서 오가는 시간이 너무나 즐거웠습니다. 육적인 부녀의 관계가 아닌 하나님의 자녀로서, 하나님이 주시는 은혜를 서로 나누며 그동안 우리 안에 있던 하나님 나라에 대한 열정과 소망이 이제는 구체적으로 나타나게 되었습니다.

특히 저의 아버지께서는 첫날부터 열의가 대단하셨습니다. 집 현관문, 방, 욕실, 주방 곳곳에 요한복음 3장 16절 말씀을 적어 붙이시고 당신 방 침대 위에는 매주 외워야 하는 복음의 개요들을 붙여 놓고 외우셨으며, 출근 전마다 큰 소리로 읽으셨습니다.

그동안 전도에 관심이 많으신 아버지께서는 여러 전도 세미나에 참석하여 훈련을 받으셨는데, 이번 요 3:16 전도훈련을 받으시면서 앞으로 당신이 어떻게 살아야 할지 결단하는 시간을 가지셨습니다.

저도 요 3:16 전도훈련을 받으면서 찬송에 은혜를 받았고, 말씀과 직접적인 전도현장을 체험하면서 다시 한 번 하나님의 사랑을 느끼게 되었습니다.

주님이 주신 기쁨이 얼마나 좋은 것인지 정말 그 무엇과도 바꿀 수 없음을 고백드립니다."

_ 부평신촌교회 심은진 전도사

"제가 전도훈련을 받는 동안 남편은 작은 공장을 경영하고 있었습니다. 갑자기 작업 물량이 들어오지 않아 손을 놓고 있는 상황이었습니다. 두 달 동안 일이 없어 공장 문을 닫아야 할 상황까지 갔습니다. 남편은 한달만 더 버텨 보자고 했습니다. 그런데 전도학교 8주차 훈련이 끝나자 일이 들어오기 시작하더니 지금은 바쁘게 일을 하고 있습니다.

전도훈련 기간 전, 남편을 도와 일을 거들던 저는 일이 끊기는 바람에 전도훈련에 참석할 수 있었습니다. 또한 그 기간에 본사에서는 작업 물량이 없어도 공장이 현상 유지되도록 지원하겠다는 통보가 왔습니다. 이런 여건을 허락하신 하나님께 감사와 찬양을 드립니다."

_ 효성제일교회 임순아 집사

"전도훈련을 시작하는 첫날, 친정부모님 두 분 모두 입원하시게 되었습니다. 무거운 마음으로 첫 시간을 보낸 것이 아련히 기억납니다. 훈련 기간 때마다 작은 문제(가정의 일)로 발목 잡히는가보다 생각했지만, 그럴 때마다 제 발걸음은 먼저 훈련 장소로 향하고 있었습니다. 그렇게 하나님의 인도하심으로 10주 과정을 잘 마치게 되었습니다.

다른 교회와 함께 힘을 하나로 합칠 때는 우리 모두 주의 강한 군사라는 결속력을 느낄 수 있었고, 말씀과 기도, 찬양의 감격을 맛보며 매주 시간이 어떻게 지났는지 모를 정도로 알찬 시간이었습니다. 훈련 기간 내내 기대와 설렘으로 가득했습니다. 무엇보다 저는 복음을 제대로 전할 수 있는 기쁨이 너무도 컸습니다.

제가 살고 있는 곳에서 만난 베트남 노동자들이 결신했을 때 그들의 손을 잡고 몇 번이고 감사했습니다. 남자들 일곱 명이 살고 있는 집에 저녁 시간 여자 혼자 찾아갈 용기를 낸 것은 복음 때문이었습니다. 문화와 민족을 초월하여 복음을 전할 수 있다는 당돌한 자신감과 생명에 대한 확신 또한 가질 수 있게 되었습니다.

무엇보다 초청집회 날, 예정 시간보다 늦게 도착한 시어머니께서 결신하시고 자진해서 교회에 등록하셨습니다. 하나님께 감사할 따름입니다.

불교 집안인 저의 시댁 때문에 저는 더 열심히 훈련에 임하며 전도하고자 했는데, 가정 구원의 문이 열렸으니 이제 저희 가정에 천국의 기쁨이 더해지려나 봅니다."

_ 예일감리교회 정의화 집사

"하나님과의 관계가 한층 업그레이드 되기를 소망하고 전도가 어떤 것인지 알고 싶어 전도학교에 지원하게 되었습니다. 그리고 시작하기 전부터 하나님의 은혜가 함께하심을 느꼈습니다.

낮은 자존감으로 두렵고 당당하지 못했던 저를 하나님은 1기 전도학교 시작하기 전 1주일 동안 강하게 다루셨습니다. '내가 너를 핏값으로 샀다'라는 주님의 음성을 듣고 제 자신을 사랑하지 못한 것을 회개하며 제가 구원받은 것이 얼마나 귀하고 값진 일인지, 제가 얼마나 소중한지 머리가 아닌 가슴으로 알게 되었습니다.

현장전도 나갈 땐 두렵고 떨리고 훈련자에게 의존하는 소극적인 자세를 취했지만 복음을 전하면서 구원의 감격과 기쁨이 날로 넘쳐났습니다. 복음 듣기를 거절하는 사람도 많고 때론 여호와의증인이 아니냐는 오해도 받았지만 저는 복음을 전한다는 자체만으로 기뻤습니다.

훈련 기간 큐티하는 것이 힘들고 부담스러웠지만 큐티를

통해 하나님을 깊이 알고 나의 믿음과 마음을 점검할 수 있어 하나님과 더욱 가까워지는 시간이 되었습니다. 다행히 하나님의 은혜로 암기력을 더해 주셔서 복음 개요 암기는 부담이 덜했습니다.

1기 훈련이 끝나고 2기 때는 훈련자로 섬기게 되는 것이 부담스러웠습니다. 특히 사람들 앞에 서야 하는 것이 제 마음에 강한 두려움으로 다가왔습니다. 그래서 할까 말까 망설이는 맘도 있었지만 부족하고 연약한 제 모습을 통해 주님이 일하기를 원하시고, 사람 앞에 서는 것이 아니라 하나님 앞에 서는 것이라는 깨달음을 주셨습니다. 그저 순종함으로 나아갔습니다.

1기 전도학교를 끝내고 2기를 준비하면서 적십자병원을 중심으로 현장전도 실습을 했습니다. 사람들이 너무나도 강퍅해 복음 듣기를 거부하고 기도받는 것조차 싫다고 하는 분들이 많았습니다. 무더위에 몸도 마음도 지치고 힘들었습니다. 하지만 이것이 제 마음을 담대하고 강하게 연단하시는 하나님의 방법이었습니다.

2기가 시작되어 처음으로 전도현장을 나갔는데 훈련생에게 시범을 보여야 한다는 것이 부담으로 다가왔습니다. 또, 주로 병원에서만 전도하다가 노방전도는 처음이라 두렵고 떨리는 마음이 있었습니다. 아니나 다를까 매몰차게 거부하는 사람들, 아프간 사태로 기독교에 회의를 가지시는 분을 만나 논쟁만 하고 복음에 관한 내용은 입도 뻥긋 못했습니다. 훈련생에게 제대로 시범을 보여주지 못한 것 같아 창피한 마음이 들었습니다.

훈련을 마치고 돌아가는 발걸음이 무거웠습니다. 마음 한 구석에는 주눅이 잔뜩 들어 있었습니다. 하지만 다음 주일에 논쟁만 하다 끝난 분을 다시 만나게 되어 긴 대화를 통해 맘의 문을 열고 연락처도 교환하면서 관계전도를 시작하게 되었습니다. 이것을 계기로 새 힘을 얻게 되었습니다. 하나님은 어떤 방법으로든 역사하심을 믿고 결과는 하나님께 맡기며 그저 배운 대로 복음을 전해야겠다고 마음먹었습니다.

이후 현장에서 복음 전하는 제 태도가 달라졌습니다. 상대방이 거절해도 굴하지 않고 더욱더 적극적이고 담대하게 복음을 전할 수 있었습니다. 비록 서툴고 부족하지만 1기 때보다 많은 결신의 열매를 주셨고 복음을 전하는 기쁨을 더욱 알게 해주셨습니다. 미약한 저를 통해 주님의 일을 이루어 가시는 것을 경험하게 하셨습니다.

저는 예사랑전도학교를 통해 영혼을 사랑하게 되었고 한 생명이 얼마나 귀하고 소중한지 알게 되었습니다. 또한 생명이 다하는 날까지 복음을 전하는 자로 살아야겠다는 소망을 품었습니다. 전도학교 훈련을 통해 주님의 군사가 되어 마음에 품은 소망을 이루어 가는 준비된 자가 되어야겠다는 다짐을 합니다."

_내수동교회 신예영 자매

5. 봄옴에는 국경이 없더라

하나님은 문이 닫힌 교회와
잡초가 무성한 교회마당을 생각나게 하셨다.
'너라도 가야 되지 않겠니?'라고
말씀하시는 것 같았다.

1996년도에 교회 선교부에서 터키 성지 순례를 가게 되었다. 터키 학생들은 성지에서, 버스 안에서, 호텔 주변에서 영어 몇 마디로 외국인에게 접근해 왔다. 나도 어린 시절 외국인을 따라다니며 영어 몇 마디씩 던졌던 기억이 떠올라 그들에게 친절히 다가갔다. 영혼에 대한 관심을 가지고 늘 기도하고 있던 때라 기회만 되면 짧게라도 복음을 전했다.

그런데 터키 현지에서 3박 4일 동안 우리를 가이드하시던 분이 우리의 찬양과 기도와 복음을 전하는 모습에 감동이 되셨나 보다. 이즈밀에 있는 에베소 성터에서 예수님을 영접하겠다고 맨 바닥에 무릎을 꿇고 우리에게 기도를 요청하는 일이 일어났다. 성령께서 그의 마음을 강력하게 만지신 것 같았다.

우리는 모두 그분을 붙들고 그 영혼을 주님께 의탁하는 기도를 간절히 드렸다. 기도 후 그분과 우리 모두 환한 얼굴이 되어 기뻐했고, 우리는 그분께 축복의 말을 한마디씩 건넸다. 내가 요한복음 3장 16절을 영어로 드렸더니 기쁨으로 충만한 얼굴로 'eternal life? eternal life?'(영생)를 반복하시던 모습이 아직도 눈에 선하다.

'영생'이라는 단 한 단어라 할지라도, 복음의 능력은 사람을 살리기도 하고 죽이기도 한다는 사실을 다시 깨달았다. 그래서 지금도 내가 선교지에서 가장 강력하게 사용하는 단어가 바로 'eternal life(영생), Jesus power(예수님 능력), super power(강력한 능력)'이다.

성지에는 우리 믿음의 조상들이 복음, 즉 예수님의 이야기를 새기고 그려 놓은 천장화, 모자이크, 프레스코 벽화가 남아 있었다. 그들이 이 작품들을 신앙의 유산들로 남기려고 애쓴 노력이 역력하게 느껴졌다. 기독교 박해자들이 그림 조각을 뜯어내다 지쳐 그대로 남겨 두었다는 천장화들도 보았다. 남은 그림 속 예수님과 제자들은 여전히 아름다웠다.

박해자들에게 쫓기고 쫓긴 성도들이 개미집을 파듯 동굴 지하 깊숙한 곳까지 파 내려가 예배를 드리며 발버둥친 흔적이 남아 있는 갑바도기아 동굴들, 웅장하고 찬란했던 소아시아 일곱 교회의 흔적들, 예수 그리스도의 이름 때문에 피를 흘리며 사자 밥이 되어 순교 당한 성도들의 흔적들이 남아 있는 땅. 그곳은 지금 국민 대부분이 모슬렘인 척박한 땅이 되어 있었다. 그 모습을 바라보며 성지 순례 열흘의 여정 내내 착잡하고 두려운 마음이 들었다.

주님이 요한계시록 2장에서 에베소 교회에게 말씀하신 내용이 생각났다. "내가 네 행위와 수고와 네 인내를 알고 또 악한 자들을 용납하지 아니한 것과 자칭 사도라 하되 아닌

자들을 시험하여 그의 거짓된 것을 네가 드러낸 것과 또 네가 참고 내 이름을 위하여 견디고 게으르지 아니한 것을 아노라 그러나 너를 책망할 것이 있나니 너의 처음 사랑을 버렸느니라 그러므로 어디서 떨어졌는지를 생각하고 회개하여 처음 행위를 가지라 만일 그리하지 아니하고 회개하지 아니하면 내가 네게 가서 네 촛대를 그 자리에서 옮기리라."

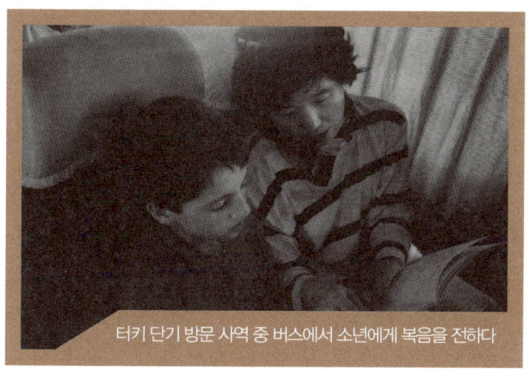

터키 단기 방문 사역 중 버스에서 소년에게 복음을 전하다

이렇게 예수 그리스도의 이름으로 고난과 핍박을 받고 그것을 견뎌 낸 교회도 오늘날 이런 폐허만 남아 세상 권세 잡은 자들의 조롱거리가 되고 있는데, 나는, 내가 다니고 있는 교회는 지금 어떤가? 온 열정을 다해 봉사하며 이리 뛰고 저리 뛰며 허둥대며 다니지만 에베소 교인들이 받은 칭찬을 받기에는 턱없이 부족하다는 생각에 두려워 가슴이 떨렸다.

'어떻게 해야 처음 사랑을 회복하지?' 터키 여행에서 돌아와서도 곰곰이 생각하며 기도해 온 것은 '첫 사랑 회복'이었다. 그때 하나님께서 시할머니께서 구원받으신 때를 생각나게 하셨다. 당시 나는 80세 되신 시할머니께서 지옥에 가시면 어떡하나 싶어 할머니 구원을 위해 철야하고 금식하며 울며 기도했다. 그리고 하나님께서는 시할머니가 예수님을 영접하게 하셨다.

그거였다. 한 영혼이 지옥 갈까 봐 철야하고 금식하며 새벽 3시에 일어나 지속적으로 기도하던 그 열정, 바로 그 열정이 식은 것이다. 처음에 품었던 구령의 열정을 회복하게 해 달라는 기도를 드렸다. 그리고 그후로는 구령의 열정에 더욱 불타올라 뛰어다녔다. 한 영혼에 대한 사랑이 바로 내가 회복해야 할 첫사랑이었던 것이다.

이 사실을 깨닫게 해준 터키 방문은 나의 신앙생활의 터닝 포인트가 되었고 내가 본격적으로 선교사역을 하게 되는 계기가 되었다.

첫 해외 전도훈련 사역, 인도

1997년 우리나라는 IMF 외환위기를 겪게 되었고 여기저기 파산하는 아우성 소리로 가득했다. 우리 집 역시 할머니께서

애지중지하시던 금 십자가 목걸이도 내놓으실 정도로 나라의 경제 상황이 좋지 않았다. 그해 12월에 인도 마드라스(지금 첸라이) 지역의 교회 지도자 100명에게 전도훈련하러 가자는 제의가 왔다. 통역할 사람이 필요하기 때문이란다.

처음 해외사역이라 준비도 만만치 않았을 뿐 아니라 남편도 내가 가는 걸 못마땅하게 생각했다. 더구나 교회 선교부 어른들도 평신도 집사들이 가서 무슨 훈련을 인도하겠냐는 투로 반응하셨다. 그리고 가까이 지내는 순장들, 순원들도 모두 어색해졌다.

'포기해야 하나? 가야 하나?'

말씀을 묵상하며 주님의 뜻을 구했다. 큐티 본문은 시편이었다. '광대하신 하나님'을 묵상하는데 하나님께서 어서 가라고 격려하시는 것 같았다. 마음을 굳게 먹고 인도로 가기로 결정했다. 오직 성령께서 계획하시고 진행하시며 열매 거두시며 영광 받으시기를 기도했다. 아는 분들에게도 기도를 부탁드렸다.

다락방 예배를 마친 후 중보기도 시간에 기도를 부탁하고 함께 기도했는데, 마침 어느 집사님이 우리 다락방을 참관하러 왔다가 나의 인도 선교 기도제목을 들으시고는 성령의 감동을 받으셨다고 했다. 그리고 자신의 첫 미술품 전시회에 들어온 돈을 인도 선교에 헌금하시겠다고 하셨다. 항공료뿐 아니라 사역 경비까지 충분한 액수였다. 이 일을 통해 '주저하지 말고 어서 가라'는 광대하신 하나님의 응답을 확신하게 되었다.

인도의 전도훈련 사역은 5일간 진행되었다. 훈련을 받기 위해 모인 교회 지도자들은 73명이었다. 이들 중에는 멀리 여덟 시간씩 기차를 타고 온 사람들도 여럿이었다. 대부분 전도훈련이라고는 처음 받아 보는 사람들이었다.

강의는 3중 통역으로 진행되었다. 영어를 모르는 지방 사람들이 많았기 때문이다. 강사의 복음 강의를 내가 영어로 통역했고, 내가 통역하는 것을 받아 현지인 목사님이 현지 말로 통역하여 복음을 전했다. 또 참가자들은 오전에 복음 전문을 암기하고 오후에는 현장전도를 실습하고 돌아와서는 또 그룹별로 보고회를 가졌다.

주께서 구원하신 영혼들로 인해 기쁨이 충만해진 인도 목사님들이 독특한 찬양과 춤으로 하나님께 영광을 돌렸다. 그 모습이 신기하고 정말 아름다웠다.

나는 현장전도 때 한 팀을 따라 나갔다. 충격이었다. '아니 어떻게 이런 곳에서 사람이 살지?' 코코넛 나뭇잎으로 지붕을 두른 컴컴한 움막에, 바닥에는 거적 같은 것이 깔려 있었다. 움막 안에는 전등도 없이 조그만 호롱불 하나가 켜져 있었다. 부엌도 없이 헛간에 돌을 세워 놓고 그 위에 새까맣게 그을린 냄비 하나 올려 놓고 밥을 지었다. 물론 화장실도 없었다. 사방에 소똥과 개똥들이 널브러져 있었다. 사방이 다 화장실인 셈이었다. 게다가 그 집 바로 앞에는 지붕보다 높은 소똥 더미가 있었다.

첫 선교지 – 인도 마드라스(지금의 친라이)

그 곁에 아름드리 나무가 한 그루 있었다. 그 나무에 달려 있는 꽃이 얼마나 아름다운지, 주변 광경과 선명하게 대비되고 있었다. 순간 나는 깨달았다. 하나님이 인간을 처음 창조하셨을 땐 저렇게 꽃처럼, 꽃보다 더 아름답고 완벽하게 지으셨건만 인간의 죄로 그 아름다운 모습이 이렇게 참혹하게 변했구나 하는 깨달음이었다. 이처럼 지저분한 삶을 살 수밖에 없는 내가 예수님 때문에 하늘나라의 고품격 신분으로 바뀐 것이 새삼 감사했다. '하나님이 처음 창조하신 그대로 나는 품격 있게 살아야지' 하고 다짐했다.

그 허름한 집에 들어가 그 집 사연을 들었다. 원래 힌두교 가정이었는데 기독교로 개종한 지 3개월 되었다고 한다. 남편은 갑자기 뇌졸중으로 쓰러져 병원에 입원해 있단다. 그 가정을 향한 깊은 연민의 감정이 올라왔다. 나는 당장 부인을 붙들고 눈물 콧물 흘리며 남편이 낫기를 간곡히 기도했다. 예수님이 느끼셨던 강한 연민이 바로 이런 것이구나 싶었다. 기도 후 하나님이 남편을 고쳐 주셨으리란 확신이 들었다. 그리고 그 환경도 바꿔 주셨으리라는 확신이 든다. 그 후로는 그 가정 소식을 듣지 못해 궁금하다.

인도에서 만난 사람들을 마을에 모아 놓고 교회 개척 예배를 드리고 탁상시계 하나씩을 선물했다. 전도자들을 네 그룹으로 나누어 목요일 네 지역, 금요일 네 지역 총 여덟 군데에서 개척 예배를 드렸고 이후 매주 예배를 드리기로 했다.

어떤 지역은 마을 회관에서, 어떤 지역은 마당이 넓은 가정집에서, 어떤 지역은 커다란 나무 밑에서 예배를 드리기로 했다. 그곳 사람들은 꾸밈없고 겸손했다. 그리고 자신들이 사는 지역에도 와 달라고 얼마나 간청들을 하는지…. 얼굴은 새까맣지만 눈동자는 맑고 순전했다.

어떤 지역에서는 아기를 낳았는데 아직도 이름을 못 지었다며 나에게 안겨 주며 이름을 지어 달라고 했다. 나는 '에스

더'라고 부르고 기도해 주었더니 모두들 '에스더, 에스더'라고 부르며 기뻐하던 모습들이 눈에 선하다. 그 아이는 지금 많이 컸을 텐데….

갓 태어난 에스더를 안고

첫 해외 선교 사역지여서일까, 나는 인도에서 경험했던 첫 감격을 잊을 수가 없었고 하나님께서 나를 쓰심이 감사하여 주님께 고백드렸다. "인도는 해마다 와야겠네요."

인도에서 귀국하여 말씀을 묵상하는데 하나님의 말씀이 계속 읽혔다. "이제 이런저런 일로 생업을 위해 분주하게 뛰어다니지 말고 내가 시키는 일에 전념할 수 있겠니?"

이 음성을 듣고 우선 시간에 매이는 일을 내려놓아야 했다. 자유롭게 선교하기 위해 학원 일을 정리해야 했던 것이다.

그런데 아무리 계산을 해봐도 학원을 정리하고 남편 수입에만 의존하기에는 쓰던 씀씀이가 있어서 수입이 모자란다.

불안한 가운데 기도하며 큐티를 했다. 그날 본문은 욥기서 38장 41절인 "까마귀 새끼가 하나님을 향하여 부르짖으며 먹을 것이 없어서 허우적거릴 때에 그것을 위하여 먹이를 마련하는 이가 누구냐"는 말씀이 내 눈에 번쩍 들어왔다. 주님이 내게 말씀하셨다.

"하물며 네가 누구냐? 하나님의 형상으로 지음 받은 네가 아니냐? 염려도 말고 걱정도 하지 말아라."

흔들리던 내 마음이 주님의 말씀과 음성으로 다시 견고해졌다. 월말에는 이것저것 다 제하고 얄팍하게 남은 남편의 봉급 봉투를 테이블에 올려 놓고 "하나님, 이제 곧 명절도 다 가오고 이런저런 쓸 일이 많은데 어떻게 좀 해보셔요"라고 맡기는 기도를 드렸다. 그랬더니 명절에 갈비부터 시작해서 음식 선물들이 들어오기 시작했다. 심지어 명절 지나고 먹을 것까지 푸짐하게 들어와 여러 날 동안 야채 몇 가지 사는 것 외에는 돈 쓸 일이 없었다.

앞으로 선교 활동을 할 때도 이렇게 모든 것에 응답하시리라 믿고 나는 이 사역에 매달리기로 결단했다. 몇 개월 후인 3월에 미얀마에서 신학생 63명을 전도훈련시켜 달라는 요청이 왔고, 5월에는 또 인도 사역 일정이 잡혔다.

미얀마의 젊은 신학도들을 깨우다

미얀마 현지인 라민 목사님과 연결이 되어 미얀마로 전도훈련을 갔다. 훈련 대상자들이 신학생들이라 캠퍼스라도 있는 줄 기대했는데, 어느 한적한 들판에 회색 시멘트로 지은 자그마한 건물 2층이 신학교라고 했다. 사회주의 국가이며 군부가 장악하고 있는 나라에서 그나마 신학교와 현지인 교회들이 꽤 있는 게 다행이었다.

훈련에 참석한 사람들은 조용하고 차분했으며 훈련에 임하는 태도는 진지했다. 오후에 그룹별로 현장전도를 나가는데 다들 줄지어 우산을 쓰고 다녔다. 동남아시아는 3, 4월이 가장 뜨거운 시기이기 때문에 남자들이 땡볕을 가리기 위해 우산을 쓰는 일은 하나도 어색하지 않다. 신학생들이라 마을 사람들을 모아 놓고 복음을 전하고 교회 개척 예배를 위한 공동체들을 만들었다. 훈련생들이 전도현장에 나가 있는 동안 나는 도시 곳곳에 있는 사원들을 방문했다.

불교 국가라 별의별 사원이 다 많았다. 어떤 사원에서는 금 63톤을 들여 불상을 만들었다고 한다. 보지도 듣지도 걷지도 앉지도 뛰지도 못하는 신, 말도 못하는 신을 섬기기 위해 하나님의 형상을 닮은 인간이 돈을 들여 경배하고 소원을 빌고 있었다. 창조주이신 하나님은 전지전능하심에도 불구하고 자신을 위해 어떤 조형물을 만들거나 거기에 절하지 말라고 명령하셨다. 그리고 우리가 번 돈으로 헛된 우상 조각을 만들지 말고 가난한 이웃을 위해 사용하라고 말씀하셨다.

국민들은 가난하고, 군부 통치에 항거하는 대학생들은 모조리 잡혀간다. 대학은 문을 열기만 하면 데모를 하니 국가는 단과대학들을 여기저기 띄엄띄엄 흩어 놓고 데모가 일어나기만 하면 휴교를 한다. 미얀마는 60년대까지만 해도 동남아시아에서 잘 살던 나라였다는데 이제는 대학생, 교수 등 고급 인력들이 우리나라에 와서 노동할 정도로 힘없이 전락해 버렸다. 이런 미얀마의 현실을 보며 이 나라에 복음이 필요함을 더욱 절실하게 느꼈다.

아침에 세미나 장소에 가기 위해 차를 타고 나갔다. 어른 스님으로부터 동자승의 일렬행렬이 교통 소통에 지장을 주며 집집마다 시주하러 나가는 광경이 흔했다. 어떤 부잣집은 대문 밖 넓은 마당에서 떡시루 같은 커다란 그릇에 밥을 퍼 주기도 했다. 너무 많이 퍼 주어서 절에 가지고 가면 다 먹지 못하고 버린다는 얘기도 들었다.

이런 환경에도 불구하고 미얀마의 젊은 신학도들은 현장에서 하나님이 구원하신 영혼들을 목격하고 기쁨으로 충만하여 보고회를 진행한다. 복음을 못 들어서 못 믿는 사람들이지, 복음을 듣기만 하면 이 복된 하나님의 아들 예수 그리스도를 거절할 이유가 없다. 저녁 보고회를 마치고 현장에서 하나님이 하신 열매들에 감격해 하나님께 올려 드리는 찬양은 국가와 인종, 언어를 초월한다. 주님의 높고 위대하심을 영으로 칭송하는 것이다.

미얀마는 더운 나라여서 어디든지 풀과 나무들이 무성하다. 개구리들의 울음소리도 요란하다. 저녁에 우리의 찬양이 울려 퍼지면 개구리 합창도 더 커진다. 어느 날은 갑자기 전기가 나갔는데 마을에 초상이 나서 우리가 사용하던 발전기를 빌려 줘야 했다. 우리는 각 책상마다 촛불을 켜 놓고 기도와 찬양을 드리며 마무리 시간을 가졌다. 개구리 소리와 우리 찬양의 하모니, 그리고 따뜻한 촛불 빛, 하나님의 은혜를 더 한층 진하게 느끼고 감사와 기쁨이 충만한 시간이었다.

마지막 날에는 만찬회를 열었다. 내 아들 나이 또래 녀석이 나에게 다가와 이런 멋진 음식을 처음 먹어 본다며 기뻐하던 모습이 아직도 가슴에 찡하니 남는다. 그날 이후, 마지막 날은 만찬회를 꼭 베풀어 초대받아 온 모두에게 음식을 대접한다. 배고픈 자들에게 고기를 든든하게 먹이고 복음을 들려주면, 주님을 영접할 때 느끼는 마음의 훈훈함이 참 오래 간다.

아직도 기억에 생생히 남는 의사 부부가 있었다. 병원에 오는 많은 환자들에게 복음을 전하고 싶은데 전하는 방법을 알지 못해 전도법을 배우려고 병원 문을 닫고 훈련에 참석했다. 늦둥이 막내 아기는 큰딸에게 맡겼다. 우리나라뿐 아니라 세계 도처 어디서도 의사들이 병원 문을 닫고 훈련에 참석한 것은 큰 감동을 주는 일이다. 1주일 동안 병원 문을 닫으면 막대한 재정 손실은 감수해야 한다. 그럼에도 불구하고 이 부부는 예수님을 만난 후 무엇에 더 가치를 두어야 하는지 확신하고 있었다. 젊은 학생들 틈에서 복음 개요를 외우고 현장전도 나가는 이 부부의 모습은 우리 팀원 모두에게 큰 감동을 주었다.

미얀마 사역을 마치고 한국으로 돌아올 때는 방콕을 경유해야 하기 때문에 방콕 공항에서 밤을 지새워야 한다. 바닥에 신문지를 깔고 비몽사몽으로 밤을 보내고 아침 일찍 뜨는 비행기를 타려고 일어나면 "오늘은 이곳 내일은 저곳 주 복음 전하리"라는 구성지고 따분한 분위기의 찬양을 읊조리곤 한다. 그러면서 초창기 외로운 순례 복음 전도자들의 방랑 신세를 생각하곤 한다. 그땐 비행기도 없고 자동차도 없던 시대였다. 바울도, 예수님도 노숙 생활을 하는 순회 복음 전도자였다. 그런데 난 몇 시간만 견디면 따뜻한 집과 가족들이 기다리고 있지 않는가?

이렇게 위로받으며 맨손 스트레칭 체조 한 번 하면 내 안에서 '주의 인자는 끝이 없고 주의 자비는 무궁하며 아침마다 새롭고 늘 새로우니 주의 성실이 큼이라 성실하신 주님'이라는 찬양이 흘러나온다. 어느 순간 피로는 사라지고 옆 좌석에 앉은 분에게 복음을 전할 마음의 준비가 된다. 그렇게 복음을 전하면 영락없이 성공한다.

'나 홀로' 다시 인도에 가다

98년 5월에 다시 인도에 갔다. 4월은 동남아시아에서 가장 더운 계절이다. 뉴스를 보니 인도에 홍수가 나서 많은 인명 피해가 있었고 40도가 훨씬 넘는 무더위로 많은 사람들이 죽어 가고 있다는 소식이 들렸다. 5월에 인도로 가기로 약속은 해놓고 기도 중인데, 뉴스를 접하니 덜컥 걱정과 두려움이 생겼다.

그러나 약간의 걱정과 두려움 때문에 사역을 중단하게 하실 우리 성령님이 아니신 걸 잘 알기에 꿋꿋하게 진행했다. 이번엔 통역할 사람이 없어 혼자서 갔다. 인도 국내선 항공료를 절약하려고 캘커타에서 사역지까지 기차로 이동하기로 했다. 그때 나는 인도가 얼마나 큰 나라인지 잘 몰랐다. 기차를 타고 스무 시간이나 걸리는 라이플이라는 도시까지 가야 했다. 영어가 통하는 나라라 여행하는 데 문제 없으리라 생각했다.

비행기 옆자리에 50대 중년의 힌두인 신사가 앉았다. 말을 걸고 복음을 전했더니 진지하게 듣고 쾌히 결신을 하셨다.

나중에 안 사실인데 인도인들은 다신을 섬기기 때문에 어떤 종교든 자신에게 유익이 된다면 다 받아들인다는 것이었다.

그것도 몰랐던 겁 없는 아줌마인 내게 그 신사가 기차역까지 안내해 준다고 했다. 나는 이게 바로 성령의 인도하심이 아닌가 싶었다. 그래도 그의 제안을 바로 받아들이기가 힘들어 사양을 한 번 했더니 본인도 고향에 가려면 거기서 기차를 타야 한다고 했다.

택시를 타고 캘커타 기차역에 도착했다. 역전에는 구걸하는 사람들과 여기저기 누워 있는 사람들이 가득해 내 여행 가방을 끌 공간조차 없어 요리조리 비집고 다녀야 했다. 그 사람이 안내하는 대로 역사 안으로 들어갔다. 휴가철이라 역사 안에도 인산인해였다.

그는 나를 위해 표를 구해 오겠다고 가더니 휴가철이라 일반표는 없고 정가의 몇 배인 암표를 구해야 한다고 했다. 그래도 나는 가야겠기에 표를 사겠다고 했다. 한참을 기다렸는데, 결국 그는 표를 구하지 못했다. 옆에 앉아 있는 젊은이가 나를 지켜보다 내 사정을 알아챘나 보다. 나보고 조심하라고 주의를 주었다. 날은 저물어 가고 겁이 덜컥 났다.

이 사역을 모두 준비하고 통역을 담당하기로 한 목사님에게 전화를 했다. 목사님은 일단 아무도 믿지 말고 택시를 타고 가까운 호텔로 들어가 투숙하고 호텔 사람에게 기차표를 부탁하라고 조언했다. 그 말을 듣고 당장 택시를 잡아타고 공항 근처 이름 있는 호텔로 들어갔다. 공항에서부터 안내하던 신사가 호텔까지 안내해 준다는 걸 뿌리치다시피 하고 호텔로 갔다. 방을 정하고 호텔 직원에게 내 사정을 얘기하며 내일 기차표를 부탁했다. 그 직원은 표를 구해다 주겠다고 흔쾌히 대답했다. 음식이 입에 맞지 않고 몸이 너무 피곤했던 터라 먹지도 못한 채 잠이 들었다.

다음날 아침 아홉 시가 되기 전 미리 로비에 내려가 봤다. 로비는 사람들이 표를 받느라고 아수라장이었다. 그 직원이 나를 보더니 짜증 섞인 목소리로 방에 가 있으라고 말했다. 나는 할 수 없이 방에 올라와서 기다렸는데, 아홉 시가 지나도 아무 소식이 없자 불안해져서 다시 로비로 내려갔더니 그 직원은 표가 다 나가고 없다고 말했다. 로비에 진을 치고 있던 사람들은 빠져 나간 후였다. 호텔에서도 사재기 표를 판매했나 보다. 더 이상 못 참았다. 화가 치밀었다.

"Give me ticket! You told me 'never mind, take rest'? This is hotel! I trust you!! Give me ticket! Give me!"(기차표 달라고요. 당신이 염려 말라고 말했잖아요! 호텔이라 믿었는데, 기차표 내놔요).

호텔 로비에서 눈을 똑바로 치켜뜨고 손을 내밀며 기차표를 달라고 소리소리 지르니 사람들이 겁을 먹었나 보다. 기다리라고 하더니 밖으로 나갔다. 나는 계속 로비에서 기다렸다. 한참 후에 열한 시 기차 1등실 표를 갖다 주었다.

 지금 생각하면 인도를 몰라도 너무 모르고 무모한 행동을 한 것이다. 휴가철이 아니어도 인도 기차를 타기 위해서는 표를 꼭 예매해야 한다. 12억이 넘는 인도 사람들은 장거리로 이동할 때 거의 기차를 이용한다. 그러니 항상 표가 모자라기 마련이다. 휴가철에 대중 교통 수단인 기차표를 구하지 못하는 것은 당연한데 그런 사정을 모른 채 내가 생떼를 쓴 것이다. 모르면 용감하다는 말이 꼭 나에게 적용되는 말이었다. 그리고 인도 사람들이 약속을 안 지키는 것은 자연스러운 일인데 그걸 생각하지 못하고 그들의 말을 철석같이 믿은 내가 어리석었단 생각이 든다.

 호텔에서 그렇게 실랑이한 끝에 표를 받아 짐을 챙겨 짐꾼 한 사람을 사서 인력거를 타고 기차역까지 갔다. 그렇게 우여곡절 끝에 기차에 올라탔다. 그런데 1등실은 무슨? 긴 의자 하나씩을 차지하는 소위 침대 칸 기차였다. 열린 문으로 내 자리를 살피니 산적 같은 인상의 중년 남자 셋이 앉아 있었다. 놀라서 못 들어가고 머뭇거리고 있으니, 남자들이 "Come on. It's okay. Come on"(괜찮으니까 들어와요)이라고 나를 안심시켰다. 나는 'okay'가 아니었지만 이미 기차는 출발했고 다른 방도가 없었다.

 '이런 분위기에서 스무 시간을?' 한숨이 절로 나왔다. 그러나 일단 마음을 침착하게 가다듬었다. 그들과 인사를 주고받았다. 그들은 교사들이라고 했다. 그중 한 사람이 암에 걸려 처남과 친구와 봄베이에 있는 병원에 가는 길이란다. 이런 사정이 있는 사람이라면 안심해도 되겠다 싶었다. 이들은 나갈란드 사람이었는데, 수염만 깎으면 꼭 동양인 같았다.

나는 점차 안정을 되찾았다. 나갈란드에서 봄베이까지는 쉰 시간 이상 걸린다고 하는데, 환자의 딱한 사정에 마음이 좀 아팠다. 배가 고팠지만 기차에서 파는 인도 음식은 도저히 당기질 않았다. 바나나와 생수로 꼬박 이틀을 때웠다. 나갈란드는 기독교 인구가 80퍼센트 이상이나 된다. 그러나 이들은 힌두교인이라고 했다. 또 나의 무기가 슬슬 발동하기 시작했다.

나도 옛날엔 한국 토속 종교를 믿었고 남편 집안은 독실한 유교와 불교 집안이었는데 지금은 모두 예수 믿고 복을 많이 받은 가정이 되었다고 말했다. 한국 사람 개개인뿐 아니라 대한민국 전체가 기독교를 믿어 복을 받게 되었다고 간증하며 복음을 전했다. 그들 모두 복음에 솔깃해하기에 나는 한 사람 한 사람씩 예수님을 영접하겠느냐고 번갈아 물었다. 두 사람은 흔쾌히 받아들이는데 암환자인 한 사람은 꺼려했다. 아버지가 힌두교 지도자라고 한다. 다시 복음을 자세히 전했다.

"아버지가 믿는 힌두 신조차 암으로 고생하는 당신에게 아무 도움이 되지 못합니다. 그러나 전지전능하신 우리 하나님, 우리를 지으신 하나님은 우리의 인체 조직을 가장 잘 파악하시는 분으로, 능치 못하신 일이 없으신 분이십니다. 그분이 인간이 되어 내려오셔서 그에게 나아온 모든 불치병 환자들을 다 고치고 죽은 사람까지 살리셔서 자신이 곧 불가능이 없으신 하나님임을 증명하셨습니다. 그분이 바로 우리가 믿는 예수 그리스도이십니다. 그분의 이름으로 무엇이든지 구하면 우리 하나님이 들으시고 고쳐 주신다고 약속하셨습니다."

이 복음을 다시 들은 그 환자도 드디어 결신기도를 따라했다. 나는 그분의 병이 낫기를 위해 간절히 기도해 드렸다. 그리고 '어메이징 그레이스' 찬양을 가르쳐 주었다. 그 찬양을 작사한 존 뉴턴은 원래 노예상인이었는데 예수님을 만나고 목사가 되었다는 간증을 들려주면서 함께 불렀다.

이렇게 복음을 전했지만 기차 안에서 스무 시간은 무척 더디 흘렀다. 그들은 나에게 잠을 자라며 의자를 만들어 주었는데 잠이 올 리가 없었다. 기차 복도에 나와 창 밖으로 밤하늘을 쳐다보니 별은 쏟아지는데 외로움이 밀려왔다. '아는 친구 하나라도 있으면 좋으련만….'

스무 시간도 더 지나서 라이플 역에 내렸다. 한 사역자가 지프차를 빌려 나를 마중 나와 있었다. 여덟 시간을 더 가야 한단다. 나는 처음 혼자 가는 선교 여행이라 바짝 긴장해서 그런지 멀다고 짜증 낼 겨를도 없었다. 내 몸이 힘들다고 누구에게 짜증을 낼 수도 없었다.

여덟 시간을 지프 차로 달려 내린 곳은 자그달플이라는, 우리나라 면 소재지 정도 규모의 작은 도시였다. 호텔에 투숙하고 세미나도 그 호텔 홀에서 진행됐다. 50여 명 지역 교회 지도자와 평신도 리더들이 참석했다.

인도 초청집회

지치고 힘이 다 빠져 기운도 없는데 성령께서 강의를 도우셨다. 난 너무 지치고 더워서 밥맛도 떨어지고 기쁨도 없이 그냥 버티며 마지못해 강의를 진행하고 있는데, 나의 몸 상태와 관계 없이 하나님은 그들에게 기쁨과 복음에 대한 열정을 부어 주심으로 훈련을 진행해 나가고 계셨다.

현장전도를 위해 흙으로 집을 짓고 사는 부족 마을로 이동했다. 6인승 오픈 지프차에 열아홉 명이나 주렁주렁 매달려 타고 들어갔다. 인도에서 그런 광경은 보통이다. 마을 사람들은 웃통을 벗고 살아가고 있었다. 넓은 마을에 주로 남자 어른들이 모여 복음을 진지하게 듣고 사역자들이 모두에게 안수기도해 주었다.

현장전도를 다녀온 후 보고회 시간에 모인 참가자들은 하나님께서 구원하신 영혼들로 기쁨들이 충만했고 이런 훈련이 처음이라며 열기들이 대단했다.

밤 집회는 호텔 가까이에 있는 야외에서 드렸다. 교회 터라는데, 흙 벽돌을 쌓다가 중단한 곳에서 바닥에 비닐을 깔고 전기를 끌어다가 강대상에만 불을 비췄다. 지붕도 없는 곳에서 별빛과 달빛 아래서 예배를 드렸다. 아이들도 많이 와서 앞자리에 소복하게 앉아 커다란 까만 눈동자를 반짝이고 있었고 어른들이 그 뒤에 앉았다.

도대체 주님이 누구시기에 여기까지 나를 보내셔서 그들에게 당신을 소개하게 하실까. 그들에 대한 연민이 솟아올라 기차 안에서 미리 예행 연습을 했던 '어메이징 그레이스'를 찬양으로 올려 드리며 존 뉴턴의 간증으로 시작해 복음의 포문을 열었다. 은혜로운 시간, 아름다운 밤에 주님의 임재에 흠뻑 젖는 시간이었다. 달빛 별빛 조명으로 숙소에 돌아와 현지 사역자 자매들과 즐거운 시간을 보냈다. 귀국하여 몸무게를 확인해 보니 4킬로그램이나 빠졌다.

그래도 인도 영혼들의 순전한 눈망울은 잊히지 않는다. 사역이 많이 고단하기는 했지만, 그후론 해마다 인도 선교를 가서 여러 선교사님들과 동역하며 인도 곳곳에 교회를 세워 가고 있다. 초기에 훈련 받은 형제자매들이 아름답게 잘 성장하여 신학을 공부하고 목사 안수도 받고 사역자가 되어 곳곳에 교회들을 개척하고 있는 모습을 보는 것도 큰 보람이다. 인도 곳곳에 우후죽순처럼 교회가 세워지도록, 일꾼들도 왕성하게 일어나 복음이 사방으로 흩어지도록 항상 기도한다.

해마다 인도를 방문하며 교회를 세우는 일은 상상만 해도 가슴 벅찬 일이다. 이 사역에 하나님이 함께하신 일을 일일이 나누기에는 지면상 한계가 있어 아쉽다.

암환자와 함께한 불가리아, 알바니아 사역

나는 평균 두 달에 한 번씩은 해외사역을 나간다. 가까운 곳은 1주간, 좀 먼 곳은 2주간의 기간을 잡아 신학교 사역 한 번, 지역 교회 사역 한 번으로 진행한다.

1999년, 나는 불가리아로 가서 사역한 후 육로로 알바니아로 이동해 그곳에서 사역하기로 계획을 세웠다. 3월 초까지 미얀마 2차 사역을 마치고 돌아와 조금 쉬고, 5월 말쯤 계획이 잡힌 동유럽 사역을 서서히 준비했다. 그런데 믿음이 또 흔들렸다. 미얀마 사역 후 경비를 다 썼는데, 이제 돈을 벌 수 있는 직장도 없고 전도 강의를 요청하는 교회도 뜸하다. '이제 누구한테 손을 벌리지?'

동유럽 사역은 독일을 거쳐 불가리아, 알바니아까지 비행기로 이동해야 하기 때문에 항공료도 많이 들고 사역비도 많이 필요하다. '가지 말까? 하나님께서 내가 그 먼 데까지 가서 뭘 하기를 원하시는 걸까?'

게다가 같이 갈 사람도 없다. 나는 나홀로 인도 사역하다가 아주 혼이 난 이후로는 꼭 동행 동역자를 붙여 달라고 기도한다. 감사하게도 하나님은 나의 기도를 들어주셔서 여러 사람을 동행자로 붙여 주셨다. 이번 동유럽 사역을 앞두고 또 기도했다. '하나님, 제가 가기를 원하시면 증표를 보여주세요.'

하나님은 나에게 첫 번째 불가리아 사역 때 일어났던 일이 떠오르게 하셨다. 어느 집사님 댁에서 동네 초청집회를 하던 때였다. 집 마당 포도나무 넝쿨 그늘 밑에 테이블을 세팅하고 동네 분들을 초청하여 찬양과 복음을 전하고 음식을 나누던 아름다운 정경이 생각났다. 그 주인 집사님이 세미나 중에 우리를 어떤 허름한 건물로 안내하셨다. 할아버지가 목회

하시던 교회인데, 구 공산권 치하에서 예배를 드리지 못하게 되어 지금까지 문을 닫아 두었다는 것이다. 교회 마당에는 잡초가 사람 키만큼 자라 있었고 할아버지와 부모님은 다 돌아가시고 손녀딸인 집사님이 그 마을에 살아남아 가정 예배를 드리고 있었다.

하나님은 문이 닫힌 허름한 교회와 잡초가 무성한 교회 마당을 생각나게 하셨다. '너라도 가야 되지 않겠니?'라고 말씀하시는 것 같았다. 공산 치하에서 복음과 교회를 사수하다가 핍박과 순교를 당한 수많은 백성들을 향한 하나님 마음이 느껴졌다. 오죽하면 나 같은 사람을 부르셔서 잃어버린 당신의 백성과 교회들을 구축하라고 하실까?

이런 생각이 들자, 가라는 사인인 줄 알고 일단 가기로 결단했다. 말씀을 붙들고 기도하며 하나님이 인도하심을 기대했다. 요한복음을 죽 읽어내려 가며 하나님의 뜻을 살펴갔다. 4장을 읽으며 예수님이 바로 영원히 마르지 않는 샘물의 생수라는 것을 깨달았고, 6장을 읽으며 예수님이 하늘에서 내려온 참 떡이라는 사실을 다시 확인했다. 이 말씀을 사역의 주제로 삼기로 했다.

그때부터 "참 생명의 떡 예수 그리스도, 영원히 마르지 않는 샘물 예수 그리스도"가 나의 사역의 구호가 되어 지금도 사역의 주제로 삼고 있다.

6장에서 오병이어의 기적을 읽어내려 가던 중, 11절 말씀에 나의 가슴과 눈이 머물렀다. "Jesus then took the loaves, gave thanks…." 예수님께서 떡을 가져 축사하셨다는 말씀에서 이 축사란 말이 'gave thanks'로 표현된 것에 주목했다. '아, 하나님의 아들 예수 그리스도가 아이의 떡을 취하시고 하나님께 감사하니 5,000명과 그의 가족들이 떡 다섯 개와 물고기 두 마리를 먹고 열두 바구니나 남았구나.' 나도 예수님이 축사하시도록 내 것을 드려야 한다는 걸 깨달았다. 난 일찍이 나의 모든 수입은 하나님의 것이고, 내 물질을 하나님의 영광을 위해 사용하겠다고 약속을 드려 사실 내 것이라곤 없었다. 이미 주님 것으로 구별지어 놓은 선교 통장에 약간의 잔액이 있을 뿐이었다.

그것을 주님 앞에 다시 드리며, "예수님, 통장에 있는 것 예수님 것이에요. 예수님 손에 다 올려 드리니 다시 받으시고 예수님이 아버지께 감사드려 주세요. 그리고 동유럽 사역에서 기적을 보여주세요."

이렇게 기도하고 나자 하나님이 채우신다는 확신이 들었다. 자, 이제 가라는 사인도 주셨고, 사역의 주제도 주셨고, 경비를 채우신다는 확신도 주셨다. 이제 동행자를 위해 기도했다. 먼 길을 혼자 가기가 정말 싫었다. 그러나 선뜻 준비된 사람이 없었다. 남편과 자녀도 마음에 걸리고 경비도 만만치 않다. 영성도 따라 주어야 한다….

계속 기도했더니 얼굴도 밝고 예쁜 23세 신학대학생 자매가 가겠다고 나타났다. 너무 반가워서 항공료 3분의 1은 내가 부담하겠다고 덜컥 약속했다. 신학생이 무슨 돈이 있겠나 싶었다. 그런데 사실 내 경비도 없는 주제에 이게 믿음인지 경거망동인지 나도 구분이 잘 안 되었다.

그런데 나중에 그 자매가 연부조직암이란 판정으로 사타구니에 커다란 암덩어리를 가지고 있다는 사실을 알게 되었다. 병원에서 다리를 절단해야 한다고 했는데 도저히 그럴 수 없어 병원에서 나왔다고 한다. 그러고 보니 교회에서 그 자매를 위해 기도한 생각이 났다. 훌륭한 선교사님 조카딸로, 모슬렘 지역에 선교사로 나가겠다고 서원한 신학생이었다. 믿음이 너무 예쁘고, 암환자 같지 않게 침착하고 밝았다. 자매는 주변 사람들의 만류에도 선교를 가겠다고 나섰다.

떠나야 할 날짜는 다가오는데 실제적인 응답은 별로 없었다. 경비도 채워지지 않고 그 자매도 내심 부담스러웠다. 데려 가지 말까 하는 생각이 들었다. 그런데 순장반에서 옥목사님이 우리 사역을 위해 기도하셨다는 소식을 전해 들었다. 누가 기도제목을 올렸나 보다. 당시 2,000여 명이 모이는 순장반에서 순장들이 한마음으로 '복음을 다시 들어야 할 동구권에 이번 사역을 통해 기적의 열매가 일어나도록' 뜨거운 기도를 했다는 것이다. 아무래도 그 자매를 데려가라는 사인인가 보다 하고 망설이며 성경을 계속 읽어내려 가다가 요한복음 11장에서 나사로를 살리신 기적을 읽었다.

그 당시 예수님은 소경을 고치신 후 수전절에 예루살렘 솔로몬 행각에서 유대인들과 시비를 가리고 몸을 피하신 후 요단강 건너편에 가 계셨다. 이때 베다니에 사는 나사로의 누이들(마르다, 마리아)로부터 전갈이 왔다. "사랑하는 자(나사로)가 병들었나이다." 예수님은 별 관계가 없던 자들도 바로 가서 고쳐주셨는데, 이 가정의 3남매는 예수님과 각별한 사이가 아니던가?

그런데 예수님은 베다니에 더디 가셨다. 분명한 이유가 있으셨다. "이 병은 죽을 병이 아니라 하나님의 영광을 위함이요 하나님의 아들이 이로 말미암아 영광을 받게 하려 함이라"(요 11:4).

예수님은 나사로가 죽은 지 나흘이나 되어 온 동네가 떠들썩하게 장례를 치른 후에나 도착하셨다. "나는 부활이요 생명이니 나를 믿는 자는 죽어도 살겠고 무릇 살아서 나를 믿는 자는 영원히 죽지 아니하리니 이것을 네가 믿느냐"(요 11:25-26)고 말씀하셨다. '부활이요 생명 되신 예수 그리스도'가 이 세상에 오신 분명한 목적, 즉 원대한 하나님의 구원 계획을 이 사건을 통해 드러내신 것이다.

하나님은 구원의 본체인 예수님을 돌로 죽이려 했던 유대인들을 포기하지 아니하셨다. 끝까지 예수가 당신의 아들이심을 보여주셔서 어떻게 하든지 그들을 구원으로 이끌기 원하셨다. 그 하나님의 사랑이 나사로의 죽음을 통해 생생히 드러나고 있었다. "항상 내 말을 들으시는 줄을 내가 알았나이다 그러나 이 말씀 하옵는 것은 둘러선 무리를 위함이니 곧 아버지께서 나를 보내신 것을 그들로 믿게 하려 함이니이다"(요 11:42).

그동안 오병이어의 기적을 비롯하여 각종 기적을 나타내시고, 날 때부터 보지 못하는 자의 눈을 뜨게 하심으로 자신이 하나님이 보내신 아들임을 직접 증거까지 하셨다. 그래서 돌로 예수님을 쳐 죽이려고 하는 유대인들을 그만하면 포기하실 만도 한데 하나님은 나사로를 죽이셨다가 다시 살리시기까지 하시면서 아들 예수 그리스도를 증거하셨다.

이 사건을 묵상하면서 그 자매를 통해 하나님이 영광을 받으실 일이 있음을 깨달았다. 그동안 2,000명이 넘는 순장들과 수많은 교우들이 이 자매가 낫기를 위해 기도해 왔다. 하나님은 이번 사역을 통해 초자연적 역사를 이루실 것이라는 믿음을 주셨다. 자매와 같이 가기로 마음을 굳히고 계속 기도했다. 날짜가 임박해 와도 마음은 흔들리지 않았다. 말씀으로 계속 확신을 주셨기 때문이다.

하나님은 출애굽기 말씀을 통해서도 내 마음을 통쾌하게 하셨다. 하나님의 백성 이스라엘을 노예 삼고 학대해 온 애굽에 하나님이 내리시는 징벌의 심판을 보라. 애굽 전체에 장자를 잃지 않은 집이 하나도 없고 초태생의 가축을 잃지 않은 집이 하나도 없었다. 부녀자들은 금은보화 모든 귀금속들을 싸들고 와 이스라엘 부녀자들에게 주며 어서 가 달라고 애걸한다. 바로와 남은 정예 부대는 이스라엘 백성을 뒤쫓다가 홍해 바다에 몽땅 수장당한다. 무섭다. 우리 하나님은 당신의 백성을 괴롭히며 못 살게 구는 것을 못 보신다. 당신의 백성을 고난 가운데 두시는 것은 당신만 찾고 의뢰하도록 하기 위해서다.

이런 깨달음 뒤에 하나님이 드디어 응답하시기 시작하셨다. 출국하기 사흘 전부터 경비가 마련되었다. 오전에 교회 선교부에서 항공료를 보내 주셨고 오후에도 전혀 생각지도 않은 분들이 선교 후원금을 보내 주셨다. 목요일 오전 오후까지 하나님도 바쁘게 채우셨다. 채우시는 대로 가져가겠다는 믿음으로 가는 날 금요일 아침 공항에서 통장을 털어 환전했다. 나는 좀 여유 있게 예산을 세워 사역 경비를 구했고, 하나님께서는 정확하셔서 여유로 구한 것은 삭감하셨다. 비행기 탑승 시간을 기다리며 그날의 큐티 본문을 읽다가 너무나 정확하신 주님으로 인해 웃음을 터트렸다.

그날 본문은 출애굽기 16장. 하나님이 만나를 내려 주시며 모세를 통해 지시한 명령을 무시하고 다음날 아침까지 만나를 비축해 둔 자들이 있었다. 그런데 그들이 모아 놓은 만나는 썩어서 먹지 못하게 되었다. 나는 하나님께서 딱 필요한 경비만 채우신 이유를 다시 깨달았다. 선교할 때 돈이 필요한 것은 사실이지만 필요 이상의 돈은 선교사들의 선교 정신과 순수성을 훼손한다는 교훈이었다.

불가리아에 도착해 신학생을 위한 사역을 진행하며 집시가정을 방문하며 복음을 전했다. 우리가 가가호호 방문할 필요도 없이 넓은 마루가 있는 한 집으로 사람들을 모았다. 하루벌이로 막일을 하거나 약초 등을 캐며 집단촌을 이루며 생활하는 사람들이었다. 교양과 에티켓은 좀 부족하지만 마음은 아주 순전하여 복음을 잘 받아들였다.

불가리아 사역을 마친 후 알바니아로 향했다. 시간이 좀 여유가 있어서 불가리아의 자연을 구경하며 육로로 국경을 통과했다. 마케도니아의 아름다운 호숫가에서 1박을 하고 다음날 아침 일찍 마케도니아와 알바니아 국경 지대인 산악 산등성이를 한참을 운전했다. 산등성이 곳곳에서 비닐 주머니에 무화과를 담아 파는 청년들을 만나 무화과를 사먹으며 마케도니아 국경을 넘었다. 마케도니아의 푸른 산은 정말 아름다웠다. 특히 국경 밑에 우리가 묵었던 숙소 앞 호수는 세계에서 손꼽히는 아름답고 맑은 호수 중 하나라고 들었다.

알바니아 국경을 넘어오자 민둥산 바위산만 펼쳐져 나무라고는 한 그루도 보이지 않았다. 지금까지 지나온 나라들과는 너무도 대조적이었다. 알바니아가 유럽에서 제일 가난한 나라라고 알고는 있었지만 직접 보니 자연 경관부터 척박하다는 생각이 들었다. 국경을 지나 운전을 하고 조금 내려오는데 민둥산 바위 틈에서 샘물이 줄줄 흐르고 있었다. 사람들이 그 샘물을 마시며 얼굴을 씻고 세차도 하며 쉬고 있었다. 참 신기했다. 물은 나무가 많은 산 계곡에서 흐른다고 생각했는데 어떻게 민둥산 꼭대기에서 샘이 나올까 싶어서였다.

이스라엘 백성들의 광야 노정 중 반석에서 물이 나온 일이 생각났다. 오아시스를 두신 것도 하나님께서 인간을 배려하셔서인 것 같다. 하나님께서 사람을 염두에 두시고 이 세상을 완벽하게 지으셨음에 다시 한 번 감탄하지 않을 수 없었다. 나무 하나 보이지 않는 산 아래 먼 계곡에는 실개천이 흐르고 있었다.

알바니아에 도착하여 선교사님 댁에서 여정을 풀었다. 청소년들과 장년 훈련생 20여 명에게 큐티와 전도 강의로 복음에 대한 강한 도전을 주고 오후에는 현장전도를 나갔다. 어린 청소년들과 자매들이 진지하고 열정적으로 훈련에 임했다. 찬양도, 암기도 잘하고 나가서 담대하고 용기 있게 복음도 잘 전했다. 암 투병 중인 자매와 나도 선교사님이 안내하는 대로 가가호호를 방문하며 복음을 전하고 기도도 했다. 알바니아는 인근 터키의 영향으로 모슬램 문화권이었다. 그리고 공산화에서 벗어난 지 몇 년 되지 않았는데도 사람들은 사교적이었고 외국인 손님들을 아주 반갑게 맞이해 주었다.

현지 선교사님은 90년대 초에 공산권이 붕괴될 때 한국인 선교사로는 최초로 알바니아에 들어가셔서 거의 10여 년 동안 선교의 터를 닦아 놓으셨다. 선교사님이 이웃집 아저씨처럼 각 가정을 방문하시면 집집마다 대환영이었다. 우리에게 초콜릿과 주스를 대접하면서 우리가 전하는 복음을 진지하게 들어주고 결신하곤 했다.

아직도 기억에 생생하게 남는 분이 있다. 알프레드라는 40대 남자분이시다. 얼굴도 잘 생기고 건장한 분인데 원인 모를 병으로 하체를 못 쓰고 누워 계시며 어머니가 태워 주는 휠체어를 가끔 타곤 했다. 부인과 자식들은 모두 떠나고 노모 혼자 그분을 돌보고 계셨다. 어머니는 꽃을 좋아하는 아들을 위해 유난히 많은 화분들을 가꾸고 계셨다. 아들을 애정으로 돌보는 어머니의 마음이 전해져 마음이 찡했다. 그후론 매년 알바니아에 가면 꼭 그분을 찾아 복음으로 위로해 드리고 기도해 드리곤 했는데, 지금은 천국에 가 계신다.

선교 일정 마지막 날 초청집회를 열어 그동안 훈련생들이 방문하고 만났던 사람들을 모두 초대하였다. 많은 분이 오셨다. 선교사 사모님은 교회에서 처음 초청한 대잔치라 음식을 준비하는 내내 가슴이 콩닥콩닥 하셨다고 지금도 이야기하신다.

초청집회 때 찬양으로 마음의 문을 열었고 예배가 시작되었다. 복음을 전하기 전에 암 투병 중인 자매에게 간증을 부탁했다. 자매는 하얀 티셔츠 차림의 다소곳한 모습으로 간증을 시작했다. "예수를 믿어 영생을 소유하고 있는 기쁨은 내 육신에 암덩어리가 있어도 빼앗아 가질 못합니다." 그리고 이 기쁜 소식을 전하기 위해 왔다며 모인 사람의 마음을 감동시켰다. 간증하는 자매의 아름다운 모습을 보고 마음속으로 기도했다. "하나님, 저 자매 절대 데려가시면 안돼요. 꼭 고쳐 주세요."

간증에 이어 내가 복음을 전했다. 성령께서 할 말을 주셔서 강하고 날카롭게 예수 그리스도가 나의 구주요 왕 되심을 힘있게 선포했다. 집회에 오신 분 모두 결신을 하셨다.

은혜로운 2주간의 동구권 사역을 마치고 집에 돌아왔다. 하나님께서 하신 일을 모임 때마다 간증해 하나님께 감사와 영광을 올려 드렸다.

사역을 마친 후 그 자매는 병원에 들렀다. 혹이 뾰족하게 변해 간단한 수술로 떼어 낼 수 있었다. 사타구니의 혹을 수

술하는 것이 불가능해 다리를 절단해야 할 상황이었던 그 자매를 하나님께서 우리 모두의 기도를 들으시고 간단하게 암덩어리를 제거해 주신 것이다. 지금 그 자매는 선교단체에서 근무하고 있다.

불가리아교회 사모님과 초청집회를 위한 음식 준비 중

2011년 6월, 8년 만에 알바니아를 다시 방문했을 땐 그곳은 더 이상 유럽에서 제일 가난한 나라가 아니었다. 산마다 푸르고 노란 개나리꽃 같은 꽃들이 활짝 피어 있었다…. 꽃에 홀려 뒷산에 올라가 찬양을 드렸다. 집집마다 화단에는 포도 넝쿨과 무화과나무 그리고 아름다운 꽃들이 장식되어 있었고, 도심에는 호수와 분수가 있는 공원이 조성되었고 빌딩과 아파트들이 우뚝우뚝 솟아 있었다. 수도인 티라나에서 조금 떨어진 경치 좋은 야산에는 설악산 케이블카보다 몇 배나 긴 케이블카와 아름다운 산장 리조트도 있었다.

그곳 사람들은 참 친절하고 아름답다. 그런데 모슬렘 문화에서 여자들은 나이에 상관 없이 남편이 죽으면 평생 검은 옷만 입으며 칩거하다시피 산다. 집들을 방문하며 여러 명의 크리스천 과부들을 만났는데, 혼자 성경 읽고 기도한다고 했다. 교회를 못 나오는 이유는 사람들의 눈이 두려워서라고 했다. 마치 남편이 죽은 것이 아내의 죄로 인식되는 듯했다. 안타깝다 못해 울분이 치밀어 오를 지경이었다. 그런 가운데서도 모든 역경을 이기고 복음 안에서 자유로운 열성 부인들이 선교사님들의 사역을 돕고 있었다.

이제는 해마다 해외사역을 떠나는 일이 정례화 되어 있다. 그래도 해외 선교를 준비할 땐 긴장이 되고 초초하고 힘들기도 하다. 그러나 막상 사역지에서 성령께서 이루시는 크고 위대한 일을 보면 기쁨과 감사가 고생스러웠던 일들을 삼켜 버린다. 그리고 곧 다음 사역지를 위해 기도하고 준비한다.

하나님은 우리의 약간의 관심과 용기, 마음 씀씀이를 기뻐하신다. 나를 지구촌을 텃밭처럼 밟고 다니며 빵과 복음을 나눠 주는 주님의 전령으로 사용해 주심에 그저 감사드릴 뿐이다.

선교지를 밟다 보면 하나님께서 한 영혼을 얼마나 사랑하시고 긍휼히 여기시는지, 그 하나님 아버지의 마음이 진하게 전해져 온다. 그러기에 복음을 전하러 가지 않을 수 없다. 오죽하면 나 같은 사람을 써 주실까? 나는 오늘도 감지덕지한 마음으로 복음의 신을 신고 주님이 가라 하시는 곳으로 간다. 내게 복음을 주시고 나를 복음의 용사로 써 주시는 게 한없이 감사할 뿐이다.

6. 완전한 복음 요 3:16 전도법

"하나님이 세상을 무척 사랑하셔서
하나밖에 없는 외아들마저 보내주셨으니
누구든지 그를 믿기만 하면
멸망하지 않고 영원한 생명을 얻는다" (요 3:16, 현대인의성경)

"하나님이 세상을 무척 사랑하셔서 하나밖에 없는 외아들마저 보내주셨으니 누구든지 그를 믿기만 하면 멸망하지 않고 영원한 생명을 얻는다"(요 3:16, 현대인의성경).

1) 우리가 믿는 하나님은 창조주이십니다 (창 1:1)
성경에 보면 "태초에 하나님이 천지를 창조하시니라"고 하셨습니다. 이 아름답고 광대한 우주 만물을 하나님께서 말씀으로 단 6일 만에 창조하신 것입니다. 하나님이 창조하신 세상은 인간들이 살기에 완벽했습니다. 여섯째 날은 사람을 만드셨습니다. 하나님은 당신의 형상을 따라 인간을 만드시고는 심히 기뻐하시며 "번성하여 땅에 충만하라. 그리고 땅에 있는 모든 것을 다스리되 동산 중앙에 있는 선과 악을 알게 하는 나무의 열매는 따먹지 말라" 하셨습니다. 먹으면 정녕 죽으리라 하셨습니다. 그러나 인간은 이 명령을 어겼고 타락하여 에덴동산에서 쫓겨나게 되었습니다.

2) 인간은 죄인입니다 (롬 3:23)
우리의 처음 조상이 죄를 지었기 때문에 인간은 날 때부터 죄인으로 태어난 것입니다. 성경에 보면 "모든 사람이 죄를 범하였으매 하나님의 영광에 이르지 못하더니"라고 기록되어 있습니다. 죄 가운데 태어난 인간은 생각으로 입으로 행동으로 훔치며, 살인하며, 간음하며, 속이며, 끊임없이 미워하며, 저주하며 죄를 짓고 살아가고 있습니다. 무엇보다도 심각한 죄는 하나님을 경외하도록 하나님의 형상을 따라 지음 받은 인간이 하나님과 원수 되어 자기 멋대로 살아가는 것입니다. 이러한 죄의 문제를 인간은 스스로 해결할 수 없습니다. 아무리 돈을 써 가며 착한 일을 하고 인류에 공헌을 해도, 종교적 선행과 공로를 많이 쌓아도, 죄의 문제는 해결되지 않습니다.

3) 사랑의 하나님은 인간을 사랑하시지만 (요일 4:8), 죄는 반드시 벌하시는 분이십니다 (출 34:7)

성경에 보면 "하나님은 사랑이시다"라고 말씀하셨고 또한 성경에 "형벌 받을 자는 결단코 면죄하지 아니하고 아비의 악을 자녀손 삼사 대까지 보응한다"고 하셨습니다. 사랑의 하나님은 이 문제를 예수 그리스도를 통해 해결하셨습니다.

4) 예수 그리스도 (요 1:1,14)

그분은 인간의 죄 때문에 이 세상에 오신 하나님의 하나밖에 없는 아들이십니다. 성경에 보면 "태초에 말씀이 계시니라 이 말씀이 하나님과 함께 계셨으니 이 말씀은 곧 하나님이시라… 말씀이 육신이 되어 우리 가운데 거하시매 우리가 그의 영광을 보니 아버지의 독생자의 영광이요 은혜와 진리가 충만하더라"고 기록되어 있습니다. 그분은 인류의 죗값을 치르시기 위해 십자가에서 죽으시고 부활하셨습니다. 하나님의 아들로서 이 땅에 오신 예수님은 하늘나라를 증거하시면서 각종 불치병자를 고치시고 하나님만이 하실 수 있는 일을 하셨습니다. 그리고 마지막에 우리 모든 인류의 죄를 한 몸에 담당하시고 십자가에서 죽으셨습니다. 하나님은 무덤에 장사된 예수님을 3일 만에 살리셨습니다. 예수님은 부활하신 후 40일 동안을 이 세상에 계시며 많은 제자들을 만나 식사도 같이 하시면서 우리도 육신으로 부활할 것을 증거로 보이시고 구름 타고 승천하셨습니다. 우리가 갈 처소를 예비하고 계신 것입니다.

우리 기독교의 진리는 예수 그리스도가 육신으로 부활한 것처럼 우리도 부활한다는 것입니다. 하나님은 이 사실을 믿음으로 받아들이는 자에게 영생을 선물로 주십니다.

5) 믿음 (엡 2:8-9)

천국 문을 여는 열쇠는 믿음뿐입니다. 성경에 보면 "너희가 그 은혜에 의하여 믿음으로 말미암아 구원을 받았으니 이

것은 너희에게서 난 것이 아니요 하나님의 선물이라"고 했습니다. "행위에서 난 것이 아니니 이는 누구든지 자랑하지 못하게 함이라"고 했습니다.

선물을 받아 보셨습니까? 선물의 특징은 단돈 얼마라도 값을 지불하지 않고 그냥 받는 것입니다. 영생의 선물도 이와 같이 거저 받는 것입니다. 죄도 흠도 없으신 하나님의 아들 예수 그리스도가 내 죄를 대신하여 십자가에서 돌아가셨다는 이 사실을 믿음으로 받아들이기만 하면 하나님께서 영생의 선물을 주십니다.

6) 불신 (요 3:18, 막 9:48-49)

그러나 믿지 않는 것에 대한 대가는 무엇인지 아십니까? 영원한 지옥형벌입니다. 성경에 보면 "거기에서는 구더기도 죽지 않고 불도 꺼지지 아니하고 사람마다 불로써 소금 치듯 함을 받으리라"고 했습니다. 지금까지 죽으면 끝이라고 생각하셨습니까? 아닙니다. 우리는 죽음도, 고통도, 가난도, 질병도 없는 하늘나라에서 영원히 살든지, 영원히 꺼지지 않는 불속에서 살든지, 두 곳 중에 한 곳으로 가게 되어 있습니다.

7) 구원 (영생 - 행 16:31)

자, 이제 어디로 가시기를 원하십니까? 성경에 "주 예수를 믿으라 그리하면 너와 네 집이 구원을 받으리라"고 하셨습니다. 한 사람이 믿기만 하면 온 가족이 구원을 얻게 된다고 합니다.

개인간증(저도 종가 대가족 시댁에서 저 혼자 믿었었는데 지금은 시할머니로부터 막내 시동생까지 구원에 이르는 가정이 되었습니다). 하나님이 이 시간에 말씀하십니다. "위의 사실을 믿기만 하면 내가 영생의 선물을 주겠는데, 거저 주는 영생의 선물을 받겠느냐"고 하시면 무엇이라 대답하시겠습니까?(네, 받겠습니다.)

잘하셨습니다. 영생의 선물을 받은 오늘은 당신의 영적 생일입니다. 정말 축하드립니다.

8) 영접 기도 (롬 10:10)

우리 기독교는 고백의 신앙이기 때문에 예수님 앞에 고백드려야 합니다. 성경은 마음으로 믿어 의에 이르고 입으로 시인하여 구원에 이른다고 말씀합니다. 제가 도와드릴 테니 제가 하는 기도를 한마디씩 따라하시며 고백하시겠습니까?

"하나님 아버지, 저는 죄인입니다. 영생 받을 자격이 없습니다. 그러나 저의 죄 때문에 죄도 흠도 없으신 예수 그리스도가 십자가에서 돌아가셨다는 사실을 믿습니다. 이제 오셔서 저의 죄를 용서하시고 영생의 선물을 주옵소서. 이제 이후로는 주님의 뜻대로 살겠습니다. 예수님의 이름으로 기도

드립니다. 아멘."

9) 양육

이제 하나님의 자녀가 되셨으니까 해야 할 몇 가지 일들이 있습니다.

성경읽기

갓 태어난 아이가 젖을 먹지 아니하면 성장을 못하는 것처럼 오늘 영적 자녀로 태어나셨기 때문에 하나님의 말씀을 먹고 자라야 합니다.
- 요한복음을 매일 1장씩 읽도록 권한다.

기도

이제 기도하실 수 있습니다. 우리가 기도드리는 대상은 우주 만물을 지으신 하나님으로, 그분이 우리 아버지가 되시는 것입니다.
- 손가락 다섯으로 기도하는 법을 가르친다. 엄지손가락으로 "하나님 아버지"를 부르고, 둘째손가락(엄마손가락)으로 감사(구원, 자녀 삼아 주신 것)드리며, 셋째손가락으로 회개(매일 일어나는 죄에 대한)를 가르치고, 넷째손가락(약지)으로 무엇이나 구하도록 가르친다. 마지막 새끼손가락으로는 "예수님의 이름으로 기도합니다, 아멘"을 가르친다.

예배

하나님의 자녀로서 우선적으로 해야 할 것은 하나님 앞에 모여서 예배를 드리는 일입니다.
- 우리가 모여 예배드릴 때 하늘에 계신 하나님께서 우리의 예배를

받으시고 기뻐하시며 우리에게 한없는 영적, 육적 복을 주신다고 약속하셨음을 알려주고 예배에 초청한다(시간 약속까지). 당장 예배에 참석 못할 상황이면 소그룹 성경공부에 참석해 교제 나눌 것을 권한다.

전도
하나님이 가장 기뻐하시는 것은 예수님을 믿기만 하면 구원을 받는다는 영생의 복음을 전하는 것입니다.
 - 지금 영생을 얻고 나서 느끼는 마음의 평안함, 기쁨 등을 이웃에 전하라고 권하며 또 복음을 전하고 싶은 분을 소개해 주면 직접 복음을 전하겠다고 알려 준다. 그리고 장시간 들어주어 고맙다고 하며 자주 들르겠다고 인사한다.

사랑의전도단 홈페이지(http://jeondo.sarang.org)에서 요 3:16 전도법 강의 동영상을 볼 수 있습니다.

• 전도법 > 요 3:16 전도법
• 전도훈련 > 새생명전도학교 > 2005년 제5기 새생명전도학교 > 내 증인이 되리라, 요한복음 3장 16절, 전도법 시범 및 전도법 연습

에필로그

이야기 하나. 용서해 주세요

비가 촉촉이 내리는 날이었다. 그런 날이면 난 우산을 쓰고 내가 늘 가지고 다니는 쪽성경을 들고 공원으로 나간다. 비 오는 날은 사람들이 많지 않아 조용한 시간을 호젓이 가질 수 있다. 주님과 데이트하며 대화하는 시간이다.

정자에 앉아 성경을 읽기 전에 내가 좋아하는 찬양 'Just let me say' (주를 향한 나의 사랑을)를 불렀다. 이 찬양은 호주 힐송 그룹의 달린 첵이 부른 것으로, 예수님을 향한 진한 사랑의 고백이 담겨 있다. 내 마음이 황량할 때 나를 치료해 주시는 주님의 손길을 늘 경험하기에 선교지에서도 예배 중에도 특송으로도 자주 부르는 찬양이다.

그날도 'Just let me say how much I love you!' (주를 향한 나의 사랑을 주께 고백하게 하소서) 하고 부르는데, 성령께서 "됐다, 됐다. 네가 나를 사랑하는 줄 내가 안다. 남들에게도 그런 고백을 좀 하렴!" 하셨다.

"네?"

머리를 한 대 맞은 느낌이었다.

"아니, 제가 남들에게 뭘 어떻게 했는데요? 저는 매사에 열정을 가지고 일하고 봉사하는데 그걸 시기하여 못마땅하게 생각하는 사람이 문제 아닌가요?"

반문했더니, 그 사람 문제는 주님이 알아서 할 테니 나는 주님께서 명하신 사랑의 계명은 지켜야 한다는 것이다. 공연히 나를 헐뜯는 사람이 있다고 해도 나도 똑같이 그렇게 행동하는 것은 옳지 않다는 것이었다.

가만히 생각해 보니 기도할 때마다 걸리는, 도저히 용납이 안 되는 사람들이 있었다. 내 사역과 관계 있는 두 사람이 생각났다. 나는 단지 열심히 내 본분을 다하여 주를 섬겼을 뿐인데 이상하게도 그들과의 관계가 어려웠다. 내 사역을 이해하실 만한 분들인데 관계가 왜 그리 힘든지…. 나는 친분이 있는 사람들에게 그들을 향해 못마땅한 속내를 자주 드러내곤 했다. 그들이 기도 응답을 받고 잘 나가는 것도 솔직히 싫었다. 그들도 자신의 방식대로 하나님을 최고로 열심히 섬기는 분들인데 나는 왜 그렇게 그들만 생각하면 마음이 편치 않은지 모르겠다.

이런 나의 마음과 태도를 성령께서 불쾌하게 생각하고 계신 것 같았다. 요한일서 4장 8절에 "사랑하지 아니하는 자는 하나님을 알지 못하나니…"라는 말씀이 나를 자꾸 찔렀다.

그럴 때마다 '뭐 대수로운 일도 아닌데'라고 생각하며 넘어가곤 했다. 그런데 그날 성령님은 내게 더 강한 찔림을 주셨다. 나는 내 열의를 다 쏟아 하나님을 섬기고 있다고 생각했는데, 그런 나에게 이 말씀이 다시 떠오른 것이다. 내가 남을 향해 못마땅한 마음을 가지고 있는 한 나는 하나님을 알지도 못하는 자가 된다는 말씀이 나에게 충격적인 깨달음으로 다가왔다.

성령께서 이 마음을 해결하라고 하시는 것 같았다. 뚜렷한 잘못이 있으면 사과하기가 좀 수월할 텐데, 마음속에서 미묘하게 자리 잡은 감정적인 문제를 어떻게 사과해야 할지 난감했다. 그때 성령께서 아이디어를 주셨다. 사과의 편지를 쓰기로 했다. 내가 그동안 못마땅하게 여겼던 마음들, 동기야 어쨌든 일방적으로 판단하고 비방했던 내 태도에 대해 용서를 구하는 이메일을 보냈다.

한 분께서 답메일을 주셨다. "용서라니요? 몸 둘 바를 모르겠습니다"라고. 다른 한 분에게서는 답메일이 없었지만 이후 난 내가 한 행동에 자유함을 누릴 수 있었다.

그 일 후 성령께서는 남편 그리고 두 아들들에게 용서를 구하라고 하셨다. 그동안 선교를 한다는 명목으로 식구들에게 소홀했다. 식구들 역시 상처를 받아 불평하는 마음을 품고 있다는 것을 나도 감지할 수 있었다. 하나님께서는 나를 선교사로 부르시어 이런저런 역경들을 겪게 하심으로 나를 겸손하게 하셨지만, 나처럼 남편이나 자녀도 똑같이 선교사로 부르신 것은 아닐 수도 있다고 생각했다.

늘 마주하는 가족, 소소하게 짜증과 큰소리를 내어도 돌아서면 금방 잊는 가족들에게 새삼스레 용서를 구한다는 것이 용기가 나질 않았다. 살면서 그런 일은 또 빈번할 텐데…. 그래도 일단 용기를 내라고 하시는 것 같아 마음을 차분하게 가라앉히고 편지를 썼다. 남편에게, 큰아들에게, 작은아들에게, 두 며느리들에게 각각 편지를 써서 큰 봉투에 넣고 외식비까지 함께 넣었다.

큰며느리에게 토요일 가정 예배 중 내 편지를 낭독하도록 부탁하고, 나는 그날 예사랑전도학교를 섬기러 갔다. 그후론 가족들과의 관계가 훨씬 부드러워졌고 큰소리로 부딪힐 만한 문제도 잘 넘어갈 수 있었다. 그리고 서로 부딪히는 일 자체가 점점 줄어들었다.

며칠 후 권사인 두 명의 친정언니들과 기도모임이 있었다. 우리 자매들은 투병하시는 친정어머니의 평안한 임종과 가족 중 믿지 않는 형제자매들을 위해 1주일에 한 번씩 큰언니 댁에 모여 기도하곤 했다.

기도를 하는 중에 성령께서 '언니들에게 용서를 구하라'는 음성을 들려주셨다. '아니, 언니들과 무슨 나쁜 관계도 없는

데 무슨 사과는요?'라고 반문했다. 성령께서는 내가 언니들에게 교만하고 건방지게 대했다고 지적하셨다. 우리 7남매는 6·25전쟁을 겪으면서 끼니를 잇기도 어려운 가난한 시절을 보냈다. 그래서 언니들은 교육을 제대로 받지 못했다. 그동안 나는 제대로 교육받지 못한 언니들을 은근히 무시하는 경향이 있었던 것 같다. 언니들에게 은연중 내가 건방지게 말하고 행동한 것을 용서해 달라고 하였다. 언니들은 역시 언니들이었다. "뭘 그런 걸 가지고 그러니" 하며 화기애애하게 웃어 주었다.

며칠 후 큰오빠 댁에서 투병 중이신 친정어머니를 방문하러 가기로 하고 아침 일찍 큐티를 하는데 성경 본문이 화해에 관한 본문이었다. 성령께서 또 내 마음을 충동하심이 심상치 않았다. 큰오빠네와는 친정어머니 문제로 좀 민감한 관계였다.

예수를 믿고 기도도 많이 하고 교회에서 중추적 역할로 봉사하고 있는 형제간이라 할지라도 강도 높은 하나님의 은혜가 필요했다. 밖으로 드러나는 불화는 참을 수 있었지만 마음의 불만들은 잘 치료가 되지 않아 그냥 인내하면서 지내는 터였다. 특히 큰올케하고는 몇 번 서로 사과도 하고 서로 이해하려고 노력하고 있어도 워낙 성격과 생활방식, 신앙 스타일이 다른데다. 어머니 일 때문에 서로 편하지 않은 감정이 있었다. 하나님께서 용서의 시간을 가지라고 하셨기에 순종하리라 마음먹고 큰오빠네에 갔다.

오빠 내외, 어머니와 함께 예배를 드렸다. 예배 본문으로 오늘 아침 큐티 본문을 소개하며 성령께서 주신 마음을 고백하며 올케에게 용서를 구했다. 올케도 기다렸다는 듯이 나에게 용서를 구했고 그간 쌓였던 오해가 풀리면서 서로 하나 됨을 느꼈다. 가슴 뭉클한 시간이었다.

전도자로 살면서 관계가 막히면 복음의 능력이 나타나지 않음을 종종 경험한다. 복음을 전한다고 하면서 어려운 관계로 인해 복음에 누를 끼칠 때 주님께 정말 죄송하다. 가정, 교회, 선교지 어디서나 사역을 하다 보면 관계 가운데 소소한 마찰이 발생할 수 있다. 그럴 때는 성령님께 급하게 나아간다. 불편한 감정을 묵히고 감추고 있다 보면, 결국 복음이 잘 흘러가지 않기 때문이다. 참 좋으신 우리 주님은 기도할 때마다 바로 치유해 주신다. 그러면 생명 되신 예수 그리스도의 복음이 내 심령과 전도현장에서 새로운 능력으로 나타난다.

이야기 둘. **감사드려요**

먼저 나를 훈련시키시고 나를 믿고 사역을 맡겨 주신 사랑의 교회에 감사드린다. 사랑의교회는 나를 선교사로 파송한 후에도 늘 중보기도를 비롯해 여러 필요들을 돌보아 주셨다.

2003년, 오정현 목사님께서 옥한흠 목사님 후임으로 담임목사로 부임하신 해 가을, 40일 특별새벽기도회가 열렸다. 나는 이때 성령 충만함의 여러 가지 증상들을 새롭게 경험했다. 당시는 내가 국내외 사역으로 정신 없이 뛰어다닐 때였다. 지방 사역을 마친 후 심야 고속버스를 타고 자정이 넘어 터미널에 도착하면 곧장 교회로 와 교회 부속 건물에서 두어 시간 쉬고 마당에 나갔다. 새벽 2시가 되면 벌써 성도들이 본당으로 들어가기 위해 마당에 줄지어 기다리기 시작했다. 나도 그 대열에 서서 본당 은혜의 자리를 차지했다. 오목사님의 은혜 충만한 찬양과 탄력 있는 말씀, 능력 있는 기도의 열기 속으로 들어가 은혜를 듬뿍 받고 집으로 돌아와 또다시 바쁜 일과를 시작했다.

새벽 2시부터 줄을 서기 위해 밤잠을 설치다 보니, 전철을 타면 졸다가 목적지를 지나치기 일쑤였다. 그러면서도 찬양이 끊임없이 입 속에서 터져 나오고, 몸도 반은 춤 동작으로 출렁거렸다. 잠이 절대적으로 모자랐는데도 실실 웃음이 나오고 아는 성도들을 만나기만 하면 특새 이야기로 웃음꽃을 피웠다.

당시 나는 열심을 내어 뛰어다니긴 했지만 사역에서 매너리즘에 빠져 피로를 자주 느끼곤 했다. 그런데 특새를 통해 성령 충만함을 새로 경험했으며, 결과적으로 사역에 더욱 활기를 더하게 되었다. 특별히 목사님의 통 큰 국가관과 세계관은 이미 열방을 향해 뛰는 나를 격려하고 응원해 주는 것 같았다. 그 메시지는 나를 일으켜 더 큰 힘을 내도록 이끌었다.

나를 복음 전도자로 부르신 주님께서는 좋은 사람들도 함께 붙여 주셨다. 신실한 기도로 또 헌물로 때론 직접 복음을 전하는 국내외 현장에 동참하며, 나에게 위로와 기쁨을 준 여러 동역자들….

주님은 내게 목사님, 장로님, 권사님, 집사님, 형제자매들 그리고 여러 교회들을 꾸준히, 시기적절하게 만나게 하셨다. 그들의 기도와 진한 사랑과 관심의 헌물이 아니었다면 나는 참으로 궁상맞고 외로운 사역자였으리라. 현지에서 힘들어

의기소침해 있을 때 그들의 기도가 생각나 다시 일어설 수 있었던 적이 한두 번이 아니다.

소중한 파트너가 너무 많지만, 특히 이권사님과 남편 최장로님에게 감사의 인사를 올린다. 이 부부는 내가 사역하던 가운데 힘들어 낙심하고 있을 때 하나님께서 직접 나의 손에 인도하신 보물이다. 마치 결혼식장에서 신부의 아버지가 그 딸을 신랑에게 인계하듯 말이다.

일개 가정주부로서 어떻게 그렇게 자주 집을 비우며 선교지로 달려갈 수 있겠는가? 남편과 자녀, 손주 돌보던 일까지 내려 놔야 하고, 교회에서 맡은 봉사뿐 아니라 내 모든 것을 포기하는 믿음의 결단이 있어야 했다. 경비도 모두 자비로 충당해야 하는 헌신이 따르는 일이기에 이 사역은 하나님께서 강압적으로 마음을 사로잡지 않으시면 불가능한 일이라고 생각한다.

그런데 최장로님 부부는 선교지로 갈 때마다 묵묵히 모든 것을 감당하며 밀어 주셨다. 이권사님은 내가 사역 중에 몸에 병이라도 들어 누워 있을 때면, 날 위해 기도하며 내 귀에 성경을 조곤조곤 읽어 주어 내가 새 힘을 받고 일어나게 한다. 때론 공항에서 갈아 탈 비행기를 위해 열 시간 이상 기다려도 또 사역이 끝나고 비행기 시간 때문에 하루이틀 기다려야 하는 상황에서도 우린 기다림을 무료해 하지 않는다. 함께 성경 읽고 기도하고 찬양도 하고 스트레칭 운동도 좀 하고 배고프면 식사도 하면서, 둘이서 영육을 부흥시키는 시간을 가지기 때문이다.

우리는 하나님이 기뻐하시는 일이라고 깨달아지면, 어디라도 언제라도 순종할 준비가 돼 있어 이 노래를 자주 부른다. "To be pleasing You, pleasing You, this is all I really want to do!"(내가 원하는 한 가지 주님의 기쁨이 되는 것).

선교 초기엔 남편이 사역을 이해해 주지 않아 갈등을 빚기도 했다. 그러나 하나님이 살아 계시고 구체적인 일까지 간섭하고 계심을 깨달으면서부터 남편은 선교 훈련을 받은 후 '보내는 선교사'의 역할을 성실히 감당하고 있다. 아내의 빈자리로 인한 불편함을 기꺼이 감수하며, 혹시라도 다른 가족과 자녀들이 불편해질까 봐 내가 집을 비울 동안에는 남편이 식구들의 필요를 더욱 신경 쓰고 수고한다.

선교에 관한 모든 준비를 돕고, 내 선교 가방을 챙기고, 차를 태워 주며 배웅하고 마중하는 일을 도맡으면서 남편은 자신이 '보내는 선교사'라고 당당히 말한다. 교회에서도 그 점을 인정하여 우리 부부를 선교사로 파송해 주었다. 남편은 나와 함께 선교지에 가서 동역하기도 했으나, 지금은 체력이 받쳐 주지 못하는 형편이다. 하나님께서 그런 남편의 외조를 기뻐 받아 주셨나 보다. 남편이 평생 근무해 오던 공직에서 퇴직하자 세 군데 대학에서 강의 요청이 들어와 지금까지도 강단에서 강의를 한다. 퇴직 후의 교수직은 하나님의 특별 보너스라고 생각하고 감사하고 있다.

"너희는 먼저 그의 나라와 그의 의를 구하라 그리하면 이 모든 것을 너희에게 더하시리라"(마 6:33).

나는 이 말씀을 추호도 의심하지 않는다. 이 말씀에서는 순서가 중요하다. 먼저 구해야 할 것이 '그의 나라와 그의 의'이다. 많은 사람들은 내가 좋은 환경이 마련되었기 때문에 선교를 하는 줄 알고 부러워한다. 물론 하나님께서 전적인 주권을 가지시고 나를 예정하시고 선택하셔서 훈련시키시고 사용하시는 것은 의심할 여지가 없다.

그러나 하나님께서는 나에게 남들이 이해하지 못할 믿음의 결단과 용기를 요구하실 때도 많다. 그럴 때 나는 이것저것 망설이지 않고 순종하는 용기를 하나님께 보여 드렸다. 내가 좋은 여건에 있었기 때문에 헌신한 것이 결코 아니었다. 다만, 먼저 그의 나라와 의를 구하라는 말씀을 믿었기 때문이었다.

그런 나에게 하나님은 박수를 보내 주시며 응원해 주셨다. 때론 내 손을 잡고 뛰시며 때론 나를 업고 뛰시고 목말을 태워 훨훨 날아다니실 때도 있었다. 그리고 구하지 않은 것까지 보너스로 해결해 주시며 구체적인 것까지 간섭하셔서 나를 미소 짓게 하셨다.

　나는 매순간 나에게 복음을 맡기신 우리 하나님께 감사의 고백을 올려 드린다. 복음 자체가 진리이고, 진리 그 자체가 예수님이시기에, 그 이름을 자랑하고 선포하고 가르칠 때에 그 완전한 복음의 능력은 나의 육체의 연약함을 뛰어넘어 나의 삶 모든 영역에 영향을 미친다.

　'더욱 섬길수록 더욱 귀한 주님'이란 찬양처럼 하나님께서 보너스로 주신 나의 이 생명이 다하는 날까지, "날마다 성전에 있든지 집에 있든지 어디서든지 어떤 방법으로든지 예수는 그리스도라고 가르치기와 전하기를 그치지 아니하리라" (행 5:42). 나를 진정 행복한 사람으로 만들어 준 복음, 오직 복음으로 말미암아 살게 해주신 하나님께 감사드린다.

국제제자훈련원은 건강한 교회를 꿈꾸는 목회의 동반자로서 제자 삼는 사역을 중심으로 성경적 목회 모델을 제시함으로 세계 교회를 섬기는 전문 사역 기관입니다.

한 영혼을 살리는 완전한 복음을
나는 전한다

초판 1쇄 인쇄 2012년 9월 20일
초판 1쇄 발행 2012년 9월 25일

지은이 곽명옥
펴낸이 오정현
펴낸곳 도서출판 국제제자훈련원

기획책임 김명호 **편집책임** 옥성호
편집 조지혜   **디자인** 염혜란
마케팅 김겸성 송상헌 고태석 박형은 오주영 김미정

등록 제22-1240호(1997년 12월 5일)
주소 (137-865) 서울시 서초구 서초1동 1443-26
e-mail dmipress@sarang.org **홈페이지** www.discipleN.com
전화 (02)3489-4300 **팩스** (02)3489-4309

ISBN 978-89-5731-587-3

※ 책값은 뒤표지에 있습니다. 잘못된 책은 구입하신 곳에서 교환해 드립니다.